SOCIÉTÉ DES ARTISTES INDÉPENDANTS

CATALOGUE
DE LA
22ᵐᵉ EXPOSITION

1906

1906

22^E EXPOSITION

Serres de la Ville de Paris

(COURS-LA-REINE)

Du 20 Mars au 30 Avril

De 9 heures à 6 heures

La Société des
" Artistes Indépendants "
basée sur la suppression des Jurys
d'admission, a pour but de permettre aux
Artistes de présenter librement
leurs œuvres au jugement
du Public.

Membre fondateur

M. DUBOIS-PILLET, décédé le 17 août 1890.

COMITÉ

Président

M. E. VALTON, 79, faubourg du Temple.

Vice-Présidents

MM. SIGNAC, 16, rue La Fontaine.
    PIET, 38, rue Rochechouart.

Secrétaire

M. SÉGUIN, 10, rue des Buissons, La Garenne-Colombes
    (Seine).

Secrétaire adjoint

M. PAVIOT, 63, rue Caulaincourt.

Trésorier

M. PÉRINET, 47, rue Crozatier.

Membres

MM. AGARD, 23, boulevard Gouvion-Saint-Cyr.
    BAUDIN, 16, rue d'Aboukir, à Courbevoie.
    DELTOMBE (Paul), 25, rue Daguerre.
    GUÉRIN (Charles), 14, rue Boissonade.
    LAPRADE, 14, rue Mayet.
    LEBASQUE, 36, boulevard de Clichy.
    LEMPEREUR, 22, rue Tourlaque.
    LUCE, 102, rue Boileau.
    MARQUE (Albert), 62, rue Bargue.
    MARQUET, 25, quai des Grands-Augustins.
    MANGUIN, 61, rue Boursault.
    HENRI-MATISSE, 19, quai Saint-Michel.
    OTTOZ, 7 *bis*, rue Duperré.
    POULAIN, 25, rue Gay-Lussac.

Délégué à la Presse

M. MELLERIO (André), 11 *bis*, rue Portalis.

Conseil judiciaire

Mes Gustave FORTIER, avocat à la Cour d'Appel, 22, rue
Gay-Lussac.
Eugène CAHON, avoué de 1re instance, 25, rue Gay-
Lussac.

Agent comptable

M. A. ROUTIER, 4, cité Thuré (15e).

COMMISSION DE PLACEMENT

Président

M. Paviot, 63, rue Caulaincourt.

Secrétaires

MM. Deltombe (Paul), 25, rue Daguerre.
Ottoz, 7 bis, rue Duperré.

Membres

MM. Auran (Benoni), 32, rue de la Santé.
Bonnard (Pierre), 65, rue de Douai.
Braut (Albert), 6, rue Salneuve.
Brin (Emile-Quentin), 43, boulevard du Château,
à Neuilly-sur-Seine.
Camoin (Charles), 28, place Dauphine.
Carré (Raoul), 12, rue de Navarin.
Charlet (Albert), 7, rue du Dôme.
Clary-Baroux (Adolphe), 90, rue Lepic.
Cobianchi (Iginio), 74, rue Demours.
Delestre (Eugène), 7, villa Méquillet, à Neuilly-sur-
Seine.
Deltombe (Paul-Edouard), 25, rue Daguerre.
Dezaunay (Emile), 15, villa Méquillet, à Neuilly-
sur-Seine.
Déziré (Henry), 41, rue de Seine.
Dufrénoy (Georges-Léon), 21, quai Bourbon.
Flandrin (Jules), 9, rue Campagne-Première.
Fournier (Marcel), 18, passage de l'Elysée-des-
Beaux-Arts.
Friesz (Othon), 15, rue Dauphine.
Gabriel-Rousseau, 102, rue de Longchamp.
Giran-Max (Léon-Maxime), 48, rue Laffitte.
Girieud (Pierre), 13, rue Paul-Féval.
Guérin (Charles), 14, rue Boissonade.
Halou (Alfred-Jean), 15, rue Jacquemont.
Hanriot (Jules-Armand), 16, rue Choron.
Hélis (Henri), 30, rue Vernier.

MM. Hénault (Jules), 38, rue Rochechouart.
Jaudin (Henri), 35, rue des Arts, à Levallois-Perret.
Jourdain (Francis), 159, avenue Malakoff.
Lacoste (Charles), 35, boulevard Pasteur.
Lamourdedieu (Raoul), 49, rue Dupleix.
Laprade (Pierre), 14, rue Mayet.
Le Bail (Louis), villa Champfleury, rue des Vignes,
    à Verneuil (Seine-et-Oise).
Lebasque (Henri), 36, boulevard de Clichy.
Le Beau (Alcide), 45, rue de la Tour.
Lempereur (Edmond), 22, rue Tourlaque.
Loysel (Jacques), 233, rue du Faubourg-Saint-
    Honoré.
Luce (Maximilien), 102, rue Boileau.
Madeline (Paul), 17, quai Voltaire.
Manguin (Henri), 61, rue Boursault.
Marque (Albert), 62, rue Bargue.
Marquet (Albert), 25, quai des Grands-Augustins.
Matisse (Henri), 18, quai Saint-Michel.
Matisse (Auguste), 2, rue Méchain.
Méthey (André), 3, rue du Maine, à Asnières
    (Seine).
Metzinger (Jean), 160, rue du Faubourg-Saint-
    Martin.
Ottoz (Emile), 7 *bis*, rue Duperré.
Paviot (Louis), 63, rue Caulaincourt.
Piet (Fernand), 38, rue Rochechouart.
Plumet (Jean), 34, rue Lacroix.
Puy (Jean), 56, avenue de Clichy.
Signac (Paul), 16, rue La Fontaine.
Soullard (Louis), 17, passage Gourdon.
Tixier (Daniel), 51, boulevard Saint-Jacques.
Turin (André), 12, rue des Pyramides.
Urbain (Ludovic), 21, quai Bourbon.
Vallée (Ludovic), 126, rue d'Assas.
Valloton (Félix), 59, rue des Belles-Feuilles.

DÉSIGNATION [1]

...

ACHENBACH (Mlle Gabrielle), née à Nucourt (Seine-et-Oise). — 7, rue Schetter, Paris.

*1   La leçon de dentelle au jardin.
*2   Fleurs des champs.
*3   Fillette dans les blés.
*4   Nature morte.
*5   Les pivoines roses.

ADOUR (Mlle Pauline), née à Paris. — 19, rue d'Enghien, Paris.

*6   Rêveuse.
*7   Etude.
*8   Avenue de parc (automne).
*9   Avenue de parc (automne).
*10 La dune à marée basse.
*11 Maisons de pêcheurs.
*12 Rocher de la Pernelle.
*13 Rocher de la Pernelle.

---

(1) L'astérisque placé à côté des numéros indique les œuvres à vendre.

On peut se procurer, au Secrétariat de l'Exposition, tous les renseignements nécessaires à l'achat des ouvrages, prix des œuvres et adresses des auteurs.

AGARD (Charles), né à Nontron (Dordogne). —
23, boulevard Gouvion-Saint-Cyr, Paris.

*14 Matinée sur la Marne.
*15 Fleurs de Nice.
*16 Soleil couchant dans le Limousin.
*17 Allée de jardin (appartient à M. N...).
*18 Paysage.
*19 Paysage.
*20 Etude.
*21 Etude.

AGASSE-LAFONT (Léon), né à Albi. — 9, rue Campagne-Première, Paris.

*22 Fillette à la robe mauve.
*23 Harmonie de plein soleil.
*24 Harmonie grise (nature morte).
*25 Modèle s'habillant.
*26 Méditation.
*27 Fillette dans la pénombre.
*28 Modèle mettant son bas.
*29 Etude.

AGUTTES (Mme Georgette), née à Paris. — 11, rue
Cauchois, Paris.

30 La fillette à l'album japonais.
*31 L'allée des Astères.
32 Le mur du jardin en automne.
*33 Le café dans le jardin à Montmartre.
*34 Etude de jeune femme nue.
*35 Les marroniers en novembre.
*36 La Seine en hiver.
37 Matinée de neige.

ALBERT (Adolphe), né à Paris. — 51, avenue Trudaine,
Paris.

38 La rue Fontaine le soir.
39 Les baigneuses.
40 Au jardin de Paris.
41 Portrait.
42 Femme au bord de l'eau.
43 Les laveuses.
44 Etude.

ALEXANDROVITCH (Alexandre-Joseph), né en Russie.
— 243, avenue d'Argenteuil (Villa Emilie), Bois-
Colombes.

***45** Le repentir (étude de nu).
46 Portrait de Mme B. (appartient au Dr Baum-
garten).
47 Portrait de M. J. R.
48 Portrait de Mlle E. D.
49 L'auteur du « Baiser d'Eve » (appartient à
M. J.-C. Holl).
50 Portrait de M. G. M.
51 Vieille femme (étude).
52 La boudeuse (étude, appartient à M. J.-C.
Holl).

ALKAN-LÉVY, né à Amiens (Somme). — Rue Caulaincourt, 65, Paris.

***53** Une maison à Bruges.
***54** Le béguinage (Bruges).
***55** Paysage (Bruges).

*56 Paysage (Bruges).
*57 L'été (étude).
*58 Place du Théâtre-Français.

ALLARD (André), né à Rouen. — 64, chemin des Cottes, Rouen (Seine-Inférieure).

59 L'enfant au pot vert.
60 Etude d'enfant.
61 Le goûter.
*62 Poste des douaniers (Elétot, près Fécamp).
*63 Les jetées à Fécamp (soleil couchant).
*64 Les jetées à Fécamp (soleil couchant).
*65 Etude de ciel (avant l'orage).

Mme ALLARD-FRÈRE (Noémie), née à Rouen. — Chemin des Cottes, 64, Rouen (Seine-Inférieure).

*66 Mélancolie.

ALLUAUD (Gilbert-Eugène), né à Limoges. — 128, rue Grange-Garat, Limoges.

*67 Vue de ma fenêtre sur Limoges.
*68 Matinée de givre sur la route.
*69 Le moulin vu de la Côte.
*70 Neige sur la route.
*71 Carrière du moulin du Gué.
*72 Le champ de Juillet à Limoges.
*73 Marine près d'Agay.

ALY (Gustave), né à Arras (Pas-de-Calais). — 3, rue
Brodu, Paris.

*74   Eglise de Donville (Manche).
*75   Route du champ de courses, Donville.
*76   Prairie, Donville.
*77   Falaise, Donville.

AMORETTI (Gabriel), né à Toulon. — 59, avenue de
Saxe, Paris.

*78   Vallée de l'Eure (effet du matin).
*79   Verger.
*80   Ferme dans les Alpes.
*81   Coin de port à Toulon.
*82   Barque de pêche.
*83   La récréation.
*84   Arbres en fleurs.
*85   Village en Provence.

ANCELME (Narcisse), né à Pillon (Meuse). — 7, rue
d'Argout, Paris.

*86   L'automne au parc de Saint-Cloud.
*87   Clairière au crépuscule.
*88   L'automne au Grand Trianon.
*89   Verger à Meudon le soir.
*90   Allée de parc.
*91   Au Petit Trianon.
*92   Clairière à l'automne.
*93   Sous bois (au Pré Catelan).

ANCONE (Mariano), né à Paris. — 4, rue Antoine-Roucher, Paris.

- **·94** Intérieur (Etude d'enfant).
- ***95** Les aciéries du quai de Javel.
- ***96** La boue avenue de Versailles.
- ***97** Nature morte (plâtre).
- ***98** La Seine et le pont de Sèvres, vus de Meudon.
- ***99** Fabrique de blanc de Meudon.
- ***100** Brouillard au pont Mirabeau.
- ***101** Temps d'orage au quai d'Issy-les-Moulineaux.

ANDRYCHEWICZ (Sigismond), né à Varsovie (Pologne). — 3, rue Campagne-Première, Paris.

- ***102** Paysans polonais.

ANGRAND (Charles). — Saint-Laurent-en-Caux (Seine-Inférieure).

- **103** Paysans sciant des racines.
- **104** Paysan sciant du bois.
- **105** Bûcherons fendant des souches.

ANITCHKOFF (Alexandre), né à Zalisénie (Russie). — 21, quai Bourbon, Paris.

- **106** Clair de lune au cœur de l'hiver (Nord de la Russie).
- **107** Sapins et bouleaux en octobre (Nord de la Russie).
- **108** Clair de lune nuageux (Nord de la Russie).

109 Une prairie en mai (Nord de la Russie).

110 Lointain bleu en septembre (Nord de la Russie).

111 Clair de lune sur un coteau (Nord de la Russie).

112 Après le coucher du soleil en juin (Nord de la Russie).

113 L'approche d'un orage en juin (Nord de la Russie).

ARTIGUE (Bernard-Joseph), né à Muret (Haute-Garonne). — Blaye, par Carmaux (Tarn).

*114 Bergère (pastel).
*115 Femme à la brouette (dessin bleu).
116 Portrait (fusain) M. Vilboucheviteh.
*117 Femme qui trait une chèvre (dessin rouge).
*118 La soupe (dessin rouge et noir).
*119 Jeux d'enfants (dessin bleu).
*120 Trois dessins.
*121 Trois dessins.

ARTIGUE (Jack), né à Paris. — 18, rue Boissonade, Paris.

122 Portrait de Mme G...
123 Portrait de Mme P... O...
*124 Paysage (Nanteuil, soleil couchant).
*125 Monotype, entrée de la procession (Bretagne).
*126 Monotype, intérieur d'église (Bretagne).
*126 *bis* Paysage (Chezy-sur-Marne), le matin.
*126 *ter* Portrait de M. H. Gaulet.

ASSELIN (Paul-Maurice), né à Orléans. -- 51, boulevard Saint-Jacques, Paris.

127 Portrait.
128 Barques au soleil (Bretagne).
129 Marée basse à Belon (Bretagne).
130 Paysage à Belon (Bretagne).
131 Les filets bleus.
132 Fillette bretonne au soleil.
133 Route au crépuscule (Loiret).
134 Plateau de laque (nature morte).

ASTIÉ (Hector), né à New-York (français). — 2 *bis*, rue du Hàvre, Paris.

135 Parigot (buste en pierre).
136 Paysan russe (buste en plâtre).
137 Paysan breton (masque en plâtre).
138 Marin breton (masque en plâtre).
139 Intérieur breton (peinture).
140 Maison bretonne (peinture).

AUBERJONOIS (René), né à Montagny-sur-Yverdon (Suisse). — 15, boulevard Berthier, Paris.

141 Le bain.
142 Procession dans un cimetière.
143 Petit bouquet.
144 Communiante.
145 L'offrande.
146 La famille du jardinier.
147 Tulipes.
148 Enterrement d'une petite fille.

AURAN (Bénoni), né à Monteux (Vaucluse). — 32, rue de la Santé, Paris.

*149   Le boulevard de Port-Royal.
*150   La tour Saint-Jacques.
*151   Le pont des Arts.
*152   La Sainte-Chapelle.
*153   Saint-Germain-l'Auxerrois.
*154   Au parc Monceau.
*155   Vue d'Avignon.
*156   Marine (La Rochelle).

ALBERT-CORDIER (Albert-Adolphe), né à Paris. — La Ferté-sous-Jouarre (Seine-et-Marne).

*157   Sur le plateau de Favières (coucher de soleil par temps d'orage).
*158   La place du village de Morintru.
*159   Le Marteroy, près Jouarre.
*160   Un tournant du petit Morin.
*161   Le four blanc, près La Ferté-sous-Jouarre.
*162   Le Giraumont de l'ami Gauthier (nature morte).
*163   Les derniers chrysanthèmes.
*164   Atterrissage du dirigeable le *Lebaudy*, près La Ferté-sous-Jouarre.

BALTUS (Jean) 17, rue Guénégaud, Paris.

*165   La carrière.
*166   La cabane du vigneron.
*167   Paysage de Provence.
*168   Les peupliers.
*169   Les Alpines.

BARAT-LEVRAUX (Georges) né à Blois (Loir-et-Cher).
— 26, rue Pigalle, Paris.

*170   Le bal Tabarin après minuit (peinture)
*171   Les pins (peinture).
*172   Le boulevard de Clichy (soleil d'automne)
       (peinture).
*173   Le goûter (peinture).
*174   Le berceau improvisé (pastel).
*175   Quatre pochades (peinture).
*176   Berger au soleil couchant (étude peinte).
*177   Tabarin, le projecteur (esquisse).

BARBIER (André), né à Arras. — 13, quai aux Fleurs,
Paris, et 4, rue du Marché-aux-Filets, à Arras.

*178   Marché d'Arras, samedi midi par vilain
       temps.
*179   La revue du 14 juillet à Arras.
*180   Le roc de Chère.
*181   Chavoine.
*182   Meuthon.
*183   Dents de Lanfon.
*184   Boulogne, vers le soir.
*185   Boulogne, par un beau dimanche.

BARCET (Emmanuel) né à Lyon. — 16, rue Ganneron
Paris.

*186   L'heure du café.
*187   Le bain.
*188   La terrasse (le soir).

***189** Soleil couchant sur la meule.
***190** Le barrage du Chéran à Cusy.
***191** Paysage.
***192** La dernière chemise (dessin).
***193** Dessin, à l'Hôtel des Ventes.

BARON (Marcel), né à Paris. — 9, Place des Vosges.

***194** Intérieur.
***195** Château Tanguy (soleil couchant).
***196** Sur la côte d'émeraude.
***197** Les foins.
***198** Une grève bretonne.

BARON (Mme Hélène-M.), née en Angleterre. — Cleewe
Bradburne Road Bournemouth (Angleterre).

***199** Oliviers, Antibes (Alpes-Maritimes).
***200** Basilique de Saint-Pierre (vue de la terrasse
      des jardins Ramfili-Doria, à Rome).

BARWOLF (Georges), né à Bruxelles. — 42, rue Fontaine, Paris.

***201** Intérieur d'atelier.
***202** Boulevard de Clichy.
***203** Boulevard Rochechouart (soleil d'hiver.
***204** Etude place Clichy (après la pluie).
***205** Etude place Clichy (après la pluie).
***206** Coin de foire (baraque Marc).
***207** Coin de foire (baraque Mel-Kior).
***208** Etude de neige.

BASTIDE (Noël), né à Toulouse. — Rue Gustave-
Courbet, 13, à Paris et 2, rue Barcelone à Narbonne.

*209 Le ruisseau de Maillac.
*210 Une rue en Provence.
*211 Salomé.
*212 Le modèle et l'artiste.

BAUCHE (Léon-Charles), né à Paris. — 2, passage de
Dantzig.

*213 Parc de Saint-Cloud en automne.
*214 Le bassin de la Grande-Gerbe à St-Cloud.
*215 L'Automne à Saint-Cloud.
*216 Un bassin à Saint-Cloud.
*217 La Seine au pont des Saints-Pères.
*218 La Seine et le Trocadéro.
*219 La Seine au Pont-Neuf (petit bras).
*220 Notre-Dame de Paris.

BAUDET (Mᵐᵉ Marie), née à Tagnon (Ardennes). —
2, rue Perseval, à Reims.

221 Près de l'abat-jour rose (portrait-impres-
sion).
*222 Vieille femme des Ardennes, à l'église.
*223 Coucher de soleil.
*224 Ciel d'orage, Champagne.
*225 Etude soir, Champagne.
*226 Après soleil couché.
*227 Plaine en juin.
*228 Notations.

BAUDON (Louis), né à Paris. — 14, rue Carnot, Billancourt (Seine).

*229   Bruges, le quai Vert au crépuscule.
*230   Vue de Venise.
*231   Vue de Venise.
*232   Rue à Venise au crépuscule.
*233   Venise (vue sur le grand canal).
*234   Venise San Giorgio.
*235   La Vague.
*236   Venise (étude d'eau au soleil).

BAUDOT (Jeanne), née à Paris. — 73, rue Caulaincourt, Paris.

*237   Roses.
*238   Jeune femme debout.
*239   Anémones.
*240   Chapelle de Cagnes.
*241   Pommes.
 242   Sidi Mohammed.
*243   Jeune femme au ruban rose.
*244   Femme Kabyle.

BAUSIL (Louis), né à Carcassonne. — 20 *bis*, rue Petite-la-Réal, Perpignan.

245   Coin de jardin à Finestret.
246   Portrait de l'auteur.
247   Portrait de M. J.
248   Coin de jardin à Finestret.
249   Vue de Corneillia de Conflent.
250   Une Ferme (environs de Prades).

251 Oliviers (environs d'Estagel).
252 Oliviers (environs d'Estagel).

BAZEILLES (Albert), né à Bordeaux (Gironde). — 15, rue Bougeois, Paris.

*253 Coquetterie.
*254 Baigneuses.
*255 Léda.
*256 Le vieux saule.
*257 La Garonne aux 12 portes (près Bordeaux).
*258 Le violoniste.
*259 Vernon.
260 L'Etang, appartient à M. Mazuel.

BEAUFRÈRE (Adolphe), né à Quimperlé. — 2, rue du Cirque, au Parc-Saint-Maur (Seine).

*261 Etude (Douëlan).
*262 Etude (Saint-Maurice).
*263 Etude.
*264 Etude (Champigny).
*265 Etude.
*266 Etude (les fortifications).
*267 Etude (Le Pouldu).
*268 Etude (Viers).

BECKER (Harry), né en Angleterre. — 1, Beaumont Road Studios, West Kensington, London-W.

*269 Cutting Barley (lithographie).
*270 Dipping Sheep (lithographie).

***271**   Mowers nᵒ 1 (lithographie).
***272**   Sheep going into Barn (lithographie).
***273**   Shearing Sheep (lithographie).
***274**   Strayed Sheep (lithographie).
***275**   Cutting Clover (lithographie).
***276**   Mowers nᵒ 2 (lithographie).

BELLANGER (Mᵐᵉ Louise), née à Saint-Omer (Pas-de-Calais). — 6, rue Bayen, Paris.

***277**   Etude de dos.
***278**   Mélancolie.
***279**   Rieuse.
***280**   Rêveuse.
***281**   Jeune fille au manteau.
***282**   Jeune fille rousse.
***283**   Jeunesse.
***284**   Profil de fillette.

BEUDA (G. K.), né à Paris. — 12, rue de la Grange-Batelière.

***285**   Fougères, matinée d'automne.
286   Pointe de la Varde (appartient à M. R. D.).
***287**   Fougères, après-midi d'orage.
***288**   Laveuse.
289   Esquisse pour un portrait.

BENDERLY (Jean D.), né à Constantza (Roumanie). — 22, rue Macheret à Lagny (Seine-et-Marne).

***290**   Roses.
***291**   Roses.

*292   Œillets.
*293   Roses.
*294   Anémones.
*295   Roses.
*296   Nature morte.
*297   Roses.

BENOIS (Alexandre), né à Saint-Pétersbourg. — 31, rue de la Paroisse, Versailles.

*298   Danses bretonnes.
*299   Bassin de Flore.
*300   Les ifs à Versailles.

BÉRENGER (Comte Jean de), né à Caen (Calvados). — 40, rue de Naples, Paris.

*301   L'Asie (fait partie de 4 panneaux).
*302   L'Europe (fait partie de 4 autres panneaux).
*303   Eventails (deux).
*304   La foudre sous terre.

BÉRENGIER (Jean), né à Marseille. — 68, rue d'Assas, Paris.

*305   Etang de Saint-Cucufa.
*306   Etang de Saint-Cucufa (le bateau).
*307   Oliviers par temps gris (Provence).
*308   Château de Confousc (Provence).
*309   Etude de pins en hiver (Provence).
*310   Panneau de 6 petites études (Provence).
*311   Souvenir de fête à Montmartre (figurine en pasteline).
*312   Petite charmeuse (cire).

BERLIOZ (Charles). — Chez Coffé, 46, avenue Crampel,
à Toulouse.

*313   Hameau cévenol.
*314   Environs de Lamalou.
*315   Sous les platanes à Sains-Pons.
*316   Aux bords de l'Orb.
*317   Route du Poujol.
*318   Après-midi d'été dans l'Orb.
*319   Sentier en montagne.
*320   Pommes et grenades.

BERMOND (Mlle Marie), née à Albi (Tarn). — 9, rue
du Val-de-Gràce, Paris.

*321   La tapisserie.
*322   Au bord de l'eau.
*323   Femme endormie (étude de nu).
*324   Baigneuse (étude de nu).
*325   Baigneuse (étude de nu).
*326   Baigneuse (étude de nu).
*327   Baigneuse (étude de nu)

BERNARD (Emile), né à Lille (Nord). — 14, rue
Armand-Colin, à Tonnerre (Yonne).

*328   Etude sur nature.
*329   Etude sur nature.
*330   Etude sur nature.
*331   Etude sur nature.
*332   Etude sur nature.
*333   Etude sur nature.
*334   Etude sur nature.
*335   Etude sur nature.

BERNARD (Frank), né à la Nouvelle-Orléans (États-Unis). — 11, rue de l'Hôtel-de-Ville, Courbevoie (Seine).

*336 Fleurs en plâtre (peintes).

BERNARD BOUTET DE MONVEL, né à Paris. — 11, passage de la Visitation, Paris.

*337 Canal (hiver).
*338 Canal (été).
*339 Terre labourée.
*340 Luxembourg.
*341 Un noyer.

BERN-KLÈNE, né à Amsterdam (Hollande). — Veneux-Nadon (Seine-et-Marne).

*342 Tempête.
*343 Maison dans les dunes.
*344 Coucher de soleil.
*345 Plage (l'été).
*346 Dunes.
*347 Automne (matin).
*348 Automne (soir).
349 Portrait de Camille Pissarro.

BERNOUARD (Mlle Albertine), née à Paris. — 7, rue Campagne-Première, Paris.

*350 Nature morte (chrysanthèmes).
*351 Nature morte (raisins et poires).
*352 Nature morte (dattes).

*353 Nature morte (figues).
*354 Paysage.
*355 Paysage.

BERRICHON (Paterne). né à Issoudun (Indre).
18, avenue de la Frillière, Paris.

*357 Intérieur (la lecture).
*358 Portrait de jeune homme.
*359 Nature morte (lilas).
*360 Nature morte (grès).
*361 Nature morte (objets divers).
*362 Paysage (La Théols, à Issoudun).
*363 Paysage (entrée de Billancourt).
*364 Paysage (la porte du Point-du-Jour).

BERTAUX (René), né à Paris. — 2, passage Stanislas,
Paris.

*365 Soleil dans le brouillard.
*366 Rayon de soleil.
*367 Dernières lueurs.
*368 Les toits.
*369 Crépuscule.
*370 De la neige.
*371 Après-midi d'automne.
*372 Reflet.

BERTHE (Louis-Maurice), né à Paris. — 36, rue Louis-
Blanc, Paris.

*373 Temps gris à Condé-Sainte-Libiaire.
*374 A l'ombre.

—

*375   Le pont payant à Gournay.
*376   Journée d'hiver à Esbly.
 377   Les reflets (appartenant à M. D...
*378   Les bicoques (Chelles).
*379   Le pont (Gournay).
*380   Prairie en fleurs.

BERTHIER (Georges), né à Paris. — Moret-sur-Loing (Seine-et-Marne).

*381   Forêt.
*382   Chemin de la Malmontagne.
*383   Effet de brouillard.
*384   Pont sur le Loing.
*385   Le bas de Loing.
*386   La pointe de la Hève.
*387   La jetée du Havre.
*388   Moulins à tan.

BERTHOUD (Paul-François), né à Paris. — 42, rue Fontaine.

*389   La Seine à Sartrouville.
*390   Gros temps à Hasting.
*391   La neige (Edam).
*392   Le soir. Barques de pêche.

BIÉTRIX (Lucien), né à Châteauroux (Indre). — 53, boulevard du Montparnasse, Paris.

*393   La chapelle de Saint-Guirec (Côtes-du-Nord).

***394** Les rochers de Ploumanach (Côtes-du-
Nord).
***395** Neige et soleil.
***396** La forêt en hiver.
***397** Femme au bain.
***398** Fermes bretonnes (Côtes-du-Nord).
***399** Clair de lune.
***400** Effet de lampe (pastel).

BIETTE (Jean), né au Havre. — Rue Pasteur, Saint-
Michel-sur-Orge (Seine-et-Oise).

***401** Intérieur.
***402** Nature morte.
***403** Les bruyères (pochade).
***404** Fleurs.
***405** Clair de lune (gouache).
***406** La mare (aquarelle).
***407** Matin (aquarelle).
***408** Dessin.

BLIX, né à Kristiania (Norvège). — 23, rue Jacob, Paris.

***409** Sem.
***410** Capiello.
***411** Léandre.
***412** Bréton.
***413** Loubet.
***415** Caricature avec légende.
***416** Dessin de la révolution norvégienne : Les
citoyens de Norvège, d'après Rodin.

BLOOMFIELD (Harry), né à Londres. — 1, rue Houdon, place Pigalle, Paris.

    417 Uu brichanteau (appartient à M. Dorival).
    418 Loge d'actrice (appartient à M. Octave Uzanne).
    ***419** Bohéma, peintre de la Butte.
    ***420** Sur la plage.
    ***421** Petite danseuse.
    ***422** Une eau-forte.
    ***423** Une eau-forte.

BLOT (Jacques-Emile), né à Paris. — 5o, rue Saint-Ferdinand, Paris.

    ***424** Nature morte (huile).
    ***425** La fenètre (huile).
    ***426** Poteries sur peluche (huile), cadre bois sculpté.
    ***427** Service à thé (huile).

BLUM-LAZARUS (Sophie), née à Stuttgart. — Boecklinstr, 24, Munich.

    428 Portrait d'elle-mème (pastel).
    429 Tulipe (pastel).
    ***430** Nature morte (pastel).
    ***431** Poupée Velasquez (pastel).
    ***432** Poupées japonaises (pastel).
    ***433** Ours et poupée (pastel).
    434 Dessin.

BŒUF (Célestin) né à Toulouse.— 4, cité de la Roquette, Paris.

*435   Etude.
*436   Etude.
*437   Etude.
*438   Etudes.
*439   Etude.
*440   Etude.
*441   Etude.

BOIGEGRAIN (Adolphe) né à Bourbonne-les-Bains. 5, rue Emile-Allez, Paris.

*442   Etude.
*443   Atelier soir.
*444   Pivoines roses.
*445   Atelier crépuscule.
*446   Etude pivoines.
*447   Pivoines blanches.
*448   Pivoines le soir.

DU BOIS DE PACÉ (Mlle Marguerite). — 23, avenue du Bois-de-Boulogne.

*449   Les hortensias bleus (pastel).
*450   Orchidées (pastel).
*451   Pêches (pastel).
*452   Roses et cuivre.
*453   Dahlias.
*454   Joueuse d accordéon, Italie (pastel).

BOISGONTIER (Henri). — 3, rue Clotaire, Paris.

*155 Baie d'Along.
*156 Le cap Fréhel (Bretagne).
*157 La lande le soir (Bretagne).
*158 L'arbre aux corbeaux (Apremont).
*159 Marine.
*160 L'arbre brisé.
*161 Paysage.
*162 Paysage.

BOISSIER (Gaston-Maurice-Emile). — 56, rue Boissière, Paris.

163 La Marne à Sainte-Aulde (appartient à Mme Michaud).
*164 Avant l'orage.
*165 Bois de Boulogne (le lac).
*166 La mare aux fées.
*167 Un coin de bois.
*168 Coucher de soleil.

BOLESLAS (Biégas), né en Pologne. — Faubourg Saint-Honoré, 233 bis, Paris.

*169 Adam.
*170 Ève.
*171 Feuille d'automne.
*172 Flambeaux de la vie.
*173 Baiser du jour.
*474 Lever de soleil.
*175 Coucher de soleil.
*476 Résurrection de la tristesse.

BONETTI (Carlo), né à Florence (Italie). — 1, place de la Sorbonne, Paris.

- *477 Après l'être.
- *478 Attendant le demain.
- *479 L'infamie.
- *480 Idylle florentin du 400 (variation sur Boticelli).
- *481 Portrait de Mlle E. C...
- *482 Jeune Florentin du 400.
- *483 Coucher de soleil sur l'Arno.
- *484 Petite vue de Florence.
         Crépuscule d'Italie.

BONNAMY (Louis), né à Meunet-Planches (Indre). — 5, rue d'Alençon, Paris.

- *485 Le chemin des poiriers.
- *486 Poirier en fleurs.
- *487 Paysage.
- 488 La rivière (esquisse).

BONNARD (Pierre). — 65, rue de Douai, Paris.

- *489 Printemps.

BONNEAU (Jacques), né à Paris. — 147, avenue de Villiers, Paris.

- *490 Moulin, à Zaudam (Hollande).
- *491 San Gimignano (Italie).
- *492 San Gimignano (Italie).
- *493 Anacapri (Italie).

*494 Anacapri (Italie).

*495 Concarneau (effet de nuit).

*495 *bis* Anacapri (Italie).

BONNEFOY (Henry), né à Boulogne-sur-Mer.— 42, rue Fontaine, Paris.

496 Oseille.

497 L'enfant perdu.

498 Gaieté.

499 Fleurs.

500 Sans permission.

501 Tranquillité.

502 Moutons.

503 Paysage.

BONNET (Auguste-Michel), né à Morières (Vaucluse).— 114, rue du Temple, Paris.

*504 Notre-Dame, au 14 Juillet.

*505 Un coin de Paris, Pont St-Michel.

*506 Rue de l'Église, à Morières (Vaucluse).

*507 Rocher Bayard, à Dinant (Belgique).

BONNET (Gaston), né à Paris.— 36 ter, rue de la Tour-d'Auvergne, Paris.

*508 La Baule, le chemin de fer (Loire-Infér.)

*509 Bagnoles (Orne), Buisson.

*510 La Baule (vague orageuse).

*511 Bagnoles (allée au parc).

*512 Condé-en-Barois (Meurthe-et-Moselle), coucher du soleil.

***513** Bagnoles (coucher du soleil).

***514** Mortefontaine (Oise), meule au coucher du soleil.

***515** Eglise de Corneilles (Seine-et-Oise).

BOOTH (Esther). — 39, Mozartstrasse, Grosslichter-felde, près Berlin.

***516** Intérieur.

***517** Impression du soir.

BOREL (Julien), né à Paris. — 23, rue d'Argenteuil, Paris.

***518** Bateaux de pêche.

***519** Roscoff.

***520** Granville (études).

***521** Etudes.

***522** Granville (le port).

***523** Granville.

***524** Vallée de l'Yerres.

BORGEAUD (Marius), né à Lausanne (Suisse). — 9, Cité Condorcet, Paris.

***525** Moulin sur l'Anglin.

***526** Trocadéro, vu des Indépendants.

***527** Auberge près d'Ecuelles.

***528** Vieille ferme à Angles.

***529** Meules de paille, par soleil.

***530** Meules de paille, par brouillard.

BORREL (Marius), né à Paris.— 11, boulevard Lannes, Paris.

*531 Un coin de cimetière.
*532 Clair de lune.
*533 Maître Coste.
*534 La lessive.
*535 Tricoteuse
*536 Veau écorché.
*537 A l'atelier.
*538 L'ébéniste.

BOSSARD (Hans), né à Lucerne (Suisse). — 11, boulevard de Clichy, Paris.

539 Portrait de Mlle S. V...

BOSSU (Henri), né à La Celle-sur-Loire (Nièvre). — 2, rue de la Barre, à La Châtre (Indre).

*540 La rue du Vieux-Château (Issoudun, Indre).
*541 La Grande Creuse, près de Fresselines.
*542 Religieuses en prière.
*543 Paysage (fusain).

BOTTIN (Médéric), né à Lille. — 15, avenue Rachel, Paris.

*544 Paysan romain.
*545 Le Tibre, près le Ponte Milvio (Rome).
*546 Fontaine de la villa Borghèse.
*547 Vue prise dans le jardin de la villa Médicis.

BOUCHE (Georges). — 24, rue Morère, Paris.

*549   Intérieur.
*550   L'enfant gâté.
*551   Pivoines et lilas.
*552   Fruits.
*553   Dahlias.
*554   Parc de Montsouris.
*555   Paysage (Dauphiné).

BOUCHER (Paul-Emile), né à Paris. — 15, rue Hégé-
sippe-Moreau, villa des Arts, Paris,

*556   Une rue au Petit-Andely.
*557   Une rivière le soir.
*558   Etude de bateaux.
*559   Au pays basque.
*560   La douane de Saint-Jean-de-Luz.
*561   Coin de jardin dans le Midi.
*562   Nature morte.
*563   Glycine (nature morte).

BOUCHET (Louis-Daniel), né à Paris. — Courseulles-
sur-Mer (Calvados) et 3, rue du Louvre, Paris.

*564   Le verger.
*565   Courseulles (étude).
*566   Bruges, quai des Marbriers.
 567   Bruges, après-midi au Béguinage.
*568   Bruges, bateau,
*569   Courseulles, le quai.
*570   Le passage Berryer à Paris (gouache).
*571   Bruges, le Béguinage (gouache).

BOUDOT-LAMOTTE (Maurice), né à La Fère (Aisne).
— 56, rue de Dammartin, à Mantes-la-Jolie (Seine-
et-Oise).

*572 Vieux pont à Limay.
*573 Cathédrale de Mantes.
*574 Église de Chigny.
 575 Coq et poule.
*576 Hortensias roses.
*577 Impressions d'hiver (quatre études).
 578 Tète de femme.
*579 Portrait (dessin).

BOULANGER (Mlle Lucienne), née à Boulogne-sur-
Mer. — 81, rue Blanche, Paris.

 580 Portrait de ma sœur Rachel.
 581 Portrait de Mme George Auriol.
 582 Portrait de Mme B...
 583 Pigeant le motif (pochade).
*584 Monsieur le garde-champêtre (pochade).
 585 Les enragés (pochade).
 586 A mon avocat (pochade).

BOULANGER (Charles-René), né à Paris. — 69, rue
Caulaincourt, Paris.

*587 Aveugle (terre cuite).
*588 Tète (plàtre).
*589 Corps étiré (étude plàtre).
 590 Bas-relief (plàtre), d'après les Orgueilleux
       (Enfer du Dante), peinture de Le Marcis.

BOURDELLE (Stéphanie), née à Paris. — 16, impasse
du Maine, Paris.

    *591   Les tulipes.
    *592   Nature morte (fleurs).
    *593   L'arbre de Noël.
    *594   La rose.
    *595   Nature morte (fleurs).
    596   Les amandes (2ᵉ étude). (Appartient à
        M. B.).

BOURGEOIS (Alfred), né à Paris. — 24, rue Fessard,
Paris.

    *597   Notre-Dame.

BOURGEOIS (André), né à Melun. — 19, rue du Val-de-
Grâce, Paris.

    598   Mon frère.
    *599   L'alcôve.
    600   Les confitures (appartient à M. A. Lach-
        nitt).
    601   Les affiches (appartient à M. L. Pru-
        d'homme).
    *602   Chambre d'étudiant.
    *603   La descente de Perros-Guirec (Côte-du-
        Nord).

BOUSQUET (Charles), né à Paris. — Rue de la Tour, 11,
à Paris.

    *604   Pont de Grenelle.
    *605   Pont de Grenelle.

*606 Pont de Grenelle.
*607 Pont de Grenelle
*608 Pont Mirabeau.
*609 Pont du Métro de Passy.
*610 Pont du chemin de fer à Grenelle.
*611 Groupe d'études.

BOYER-MENNEGAY (Armand), né à Montbéliard (Doubs). — 5, rue Duperré, à Paris.

*612 Effet d'orage.
*613 Temps de neige (aquarelle).
*614 Bords de Marne.
*615 Moulins à Créteil.
*616 Coup de soleil sur la mer.
*617 Chapelle en Bretagne.
*618 Maisons bretonnes.
*619 Le pont de Moret.

BRACHET (Lucien-Charles), né à Paris. — 184, rue Pelleport, Paris.

*620 Effet du matin en Bourgogne.
*621 De la terrassse (effet du matin en Bourgogne).
*622 Côteaux au matin (Bourgogne).
*623 Le marronnier de la Cordelle (Bourgogne).
*624 Cuisine de ferme en Bourgogne.
*625 Bords du Serein.
*626 Rue à Lisle-sur-Serein.
*627 Crépuscule.

BRAQUE (Georges), né à Argenteuil. — 48, rue d'Orsel, Paris (18e).

*628   L'Hôtel de Ville du Havre.
*629   La côte (Le Havre).
*630   Le jetée d'Honfleur.
*631   Intérieur.
*632   Assiette et oranges (nature morte).
*633   Pommes et raisins (nature morte).
*634   Nu.

BRAUT (Albert), né à Roye (Somme). — 6, rue Salneuve, à Paris.

*635   Intérieur.
*636   La couture.
*637   Nature morte.
*638   Parc Monceau (nourrice bretonne).
*639   Parc Monceau (matinée).
*640   Parc Monceau (le platane).
*641   Parc Monceau (après-midi).
*642   Parc Monceau (le pont).

BRÉAL (Auguste), né à Paris. — 73, rue Notre-Dame-des-Champs, Paris.

643   Lisière d'un bois en Bretagne.
*644   Tartanes au mouillage.
*645   Martiquinaise.
*646   L'arbre de Noël.
*647   Femme en jupon.

***648** Femme au chapeau rouge.
***649** Martiquinaise.
***650** Etude.

BREVET (Julien), né à Nantes. — 127, rue du Ranelagh, Paris.

***651** Le matin dans le Rio.
***652** Au bord de la Loire (matin).
***653** Petite grève au bord de la Loire.
***654** Grève à Landemer (Manche).
***655** Le Rocher du Curé (Loire-Inférieure).
***656** L'étang de l'hospice (laveuses).
***657** Le chemin de Sainte-Croix à Biville.

BRIN (Emile-Quentin), né à Paris. — 4, rue Aumont-Thiéville, Paris.

***659** Eve sommeille.
***660** La femme au masque.
***661** Provins par temps gris.
***662** Etude en plein air.
***663** Verger en fleurs sous l'orage.
***664** La Nozaie (Provins).
***665** Etude de nu à la lumière.
***666** Trois croquis pour des études de danseuses.

BRISTOWE (Mme Sydney), née à Londres. — Chez M. Mary, 26, rue Chaptal, Paris.

667 Aquarelle (The Canary).

BROCCHI (André), né à Paris. -   12, rue de Seine,
Paris.

*668   Treilles de Duingt (Lac d'Annecy).
*669   Rochers, Saint-Aygues (Var).
*670   Coucher de soleil, Saint-Aygues.
*671   Etangs de Villepey (Var).
*672   Esquisse pour panneau décoratif.
673   Etude, Saint-Aygues (Var).
673 *bis*   Etude, Saint-Aygues.

BRUNEL (Edouard), né à Béziers (Hérault).   - 26, rue
Bertholet, Paris.

*674   Paysage.
*675   Paysage (crépuscule).
*676   Paysage (effet d'hiver).
*677   Bords du canal.
*678   Nature morte.
*679   Enfant au poisson (été).
*680   Mer (matinée).

BRUNELLESCHI-UMBERTO, né à Florence. — Rue
Monge, 41, Paris.

*681   Portrait de ma mère.
*682   Portrait de peintre Italien.
*683   Boboli (Florence).
*684   Boboli au crépuscule.
*685   Lupicciano (couchant).
*686   Tète d'homme.
*687   Ciociaro (portrait) appartient à M. Bernar-
        deau.

BRUNET (Emile-Jean-Marie), né à Bordeaux. — 31, rue
Lacour, Bordeaux.

*688   La Sortie.
*689   Confidence.
*690   Tête de femme.
*691   La lecture.
*692   Paysage (la lande).

BRUNNER (Z.), né à Varsovie (Pologne). — 21, rue
Berthe, Paris.

*693   Tête de femme.
*694   Nature morte.
 695   Portrait du pianiste Hertz.
 696   Portrait de M. C.
*697   Paysage.
*698   Le réveil.
*699   Pointe sèche (le cake-walck).

BRUYER (Georges), né à Paris. — 84, avenue Péreire,
Asnières (Seine).

*700   La discipline.
*701   Le but.
*702   Une vie de Maupassant (affiche).
*703   Rempailleur.
*704   Oubli.
*705   Le vieux marcheur.
*706   La soupe (eau-forte).

BUCAS (Julien), né à Paris. — 14, passage Léon, Paris.

***707** Effet de neige.
***708** La lecture.
***709** Les toits blancs.
***710** Derniers rayons, à Montmartre.
***711** Sous la lampe.
***712** Intérieur d'église.
***713** Impression triste.
***714** Quelques études.

BUCHER (Edwin), né à Lucerne (Suisse). — Rue des Mécardes, Meudon-le-Val (Seine-et-Oise).

715 Petite tête (étude).
***716** Jacob visionnaire (plâtre).
***717** Pauvresse (plâtre).

BUKOWSKA (Mlle Sophie), née à Riga (Russie). — 38, rue Falguière, Paris.

718 La destinée (Avajkz).
719 Un esprit.
720 La petite fille gentille.
721 Portrait de Mme Marthe R...

BURGUN (Georges-Marcel), né à Paris. — 32, route des Moulineaux, Issy-les-Moulineaux (Seine).

***722** Soir, au Bas-Meudon.
***723** La Seine à Issy-les-Moulineaux.

724 La Seine à Billancourt.

725 A Chaville.

726 La Marne, près Lagny.

*727 Dans l'île Saint-Germain.

728 La Vienne, aux Ormes.

*729 Meules, à Velizy.

BUTLER (Théodore-E.), né aux États-Unis. — Giverny, par Vernon (Eure).

*730 Barques de pêche.

*731 Barques de pêche.

*732 Barques de pêche.

*733 Barques de pêche.

*734 Temps de neige (Giverny).

*735 Temps de neige (Giverny).

*736 Hortensias.

*737 Hydrangias.

CALMETTES (Pierre), né à Paris. — 12, rue de l'Assomption, Paris.

*738 La rue des Huileries à Châteaudun.

*739 Le gardien du logis.

*740 Intérieur d'une laiterie bretonne.

*741 Cour de ferme (Bretagne).

*742 Les poules favorites.

*743 L'heure du goûter (Bretagne).

*744 Le coin de l'âtre (Bretagne).

CAMUS (Henri-Louis), né à Paris.   62, rue Lepic, Paris.

745 Le fournil abandonné.
746 Intérieur picard.
*747 Pêches et raisins.
*748 Vieil étain et cerises.
*749 Pichet et pommes cuites.
*750 Huitres et crevettes.
*751 Les grenades.

CAPUTO (Ulysse), né à Salerne.   17, rue Boissonade, Paris.

*752 Le jardin du Luxembourg.
*753 Le pont des Arts.
*754 Le pont des Saints-Pères.
*755 Le quai du Louvre.
*756 Au jardin du Luxembourg.
*757 Au bord de la Marne.
*758 La Seine vue du Louvre.
*759 La Seine vue du Louvre.

CARBONNEAUX (Charles), né à Paris. — 14, passage Gourdon, Paris.

*761 Vieilles maisons à Auvers-sur-Oise.
*762 Paysage à Pontaubert (Yonne).
*763 Paysage à Pontaubert (Yonne).
*764 Paysage à Pontaubert (Yonne).
*765 Paysage à Esbly (Seine-et-Marne).

CAREL (Isidore-François), né à Paris. — 172, rue Championnet, Paris.

> *766 Le soir (paysage.)
> *767 Cernay (paysage).
> *768 Cernay (paysage).
> *769 Cernay (paysage).
> *770 Cernay (paysage).
> *771 Cernay (paysage).
> *772 Moulin (paysage).
> *773 Etude.

CARIOT (Gaston-Gustave), né à Paris. — Périgny-sur-Yerres, par Mandres (Seine-et-Oise).

> *774 Moisson à Périgny.
> *775 Champs de blés.
> *776 Effet de neige.
> *777 Paysage d'avril.
> *778 Matinée d'automne.
> *779 Jardin (fin d'été).
> *780 L'Yonne à Auxerre.
> *781 Auxerre, la rue Lebœuf.

CARLU (Emile), né à Paris. — 44, rue des Cascades, Paris.

> *782 Rue Cortot (Montmartre).
> *783 Intérieur.
> 784 Etude (nature morte).

CARPENTIER (Mlle Marie-Paule), née à Paris. —
60, rue de Maubeuge, Paris.

*785   Travail.
*786   Repos (étude).
*787   L'automobile en automne.
*788   Coin de parc.
*789   Midi.
*790   Matin.
*791   Soir.

CARRÉ (Raoul), né à Montmorillon (Vienne). — 12, rue
de Navarin, Paris.

*792   Le passeur (Venise).
*793   Préparatif de la Fête-Dieu.
*794   Marché aux porcs (Bretagne).
*795   Marchand de fruits.
*796   Marché aux oies (Poitou).
*797   Bretons.
*798   Mélancolie.
*799   Bords de la Seine.

CARVALLO (Mlle Suzanne). — 1, rue Clovis, Paris.

800   Portrait de l'artiste (fusain).
801   Portrait de M. J. Carvallo (fusain).
802   Portrait de l'artiste.
803   Portrait de Mme Sudria (fusain).
804   Etude (fusain).
*805   Bruges-la-Morte.
*806   Canal à Bruges.

CASTAGNARY (Mlle Gabrielle), née à Saintes. — 10, rue
Eugénie, Saint-Mandé et au Portail, quai des Roches,
Saintes.

*807   Prairie inondée, Saintes.
 808   Bords de la Charente (appartenant à
          M. Ovide Bonnedin).
*809   Etude.
*810   Matinée d'octobre.

CASTELUCHO (Claudio), né à Barcelone (Espagne). —
Rue Boissonade, 22, Paris.

*811   Danseuse au repos.
*812   Dormeuse.
*813   Petites paysannes.
*814   A la toilette.
*815   Etude.
*816   Enfant dans l'herbe.
*817   Tricoteuse.

DE CASTRO (Paul), né à Paris. — 33, rue Bayen.

*818   Femme arrangeant des fleurs.
*819   Fillette riant.
*820   La lettre de rupture.
*821   Déshabillé du modèle.
*822   Canal à Bruges.
*823   Coin d'atelier.
*824   Femme au piano.
*825   Fillette se regardant.

CAT (Henri), né à Marseille. — 31, rue de Seine, Paris.

826 Port de Martigues.
*827 Fête d'automne à St-Cloud.
*828 La fontaine (Provence).
*829 La placette (Martigues).
*830 Vieille chapelle (Provence).
*831 Soir d'automne (plateau de St-Cloud).
*832 La pastèque.
*833 Sur la terrasse (effet de soleil en Provence).

CAVCAILLON (Elisée), né à Nimes (Gard). 3, rue de Bretonvilliers, Paris.

*834 Fleuristes (bas relief bronze).
*835 Nu (statuette bronze).
*836 Lessiveuse (statuette bronze).
*837 Miséreux (statuette terre cuite).
*838 Ménagère (statuette terre cuite).
839 Débardeurs (statuette plâtre), à éditer.

CAZABAN (Jos.-Louis), né à Carcassonne. 62, boulevard du Port-Royal, Paris.

*841 Tête de fillette (étude).
*842 La rue Broca (paysage).
*843 Vieilles maisons (paysage).
*844 Liseuse.
*845 Le marché aux pommes (paysage).

CAZABONNE (Léon), né à Tarbes (Hautes-Pyrénées).
— 172, rue de Courcelles, Paris.

*846 Au bois.
*847 Fillette.

CAZENEUVE (Maurice), né à Paris. — 18, rue Lehot,
Asnières (Seine).

*848 Nature morte, pommes et chaudron.
*849 Nature morte, citrons, pot et verre carafe.
*850 Nature morte, lièvre.
*851 Paysage, à l'île de Croissy.
*852 Pont de Chatou.
*853 Vieille bastide au Pradon (Var).
*854 Une rue au Pradon (Var).
*855 Nature morte, cuivre et oranges.

CEDERLUND (Gustaf), né à Stockholm (Suède). —
117, rue Notre-Dame-des-Champs, Paris.

*856 Misère.
*857 Préparatifs pour le déjeuner.
*858 Can-can du village.
*859 Paysanne.

CHALY (Étienne), né à Clermont-Ferrand (Puy-de-
Dôme). — 17, rue Nationale, Argenteuil (Seine-et-
Oise).

*860 La source (Auvergne).
*861 La vallée du Mont-d'Or (Auvergne).

***862** Lac de Madrid (Bois de Boulogne).
***863** Les bords de l'Allier (Auvergne).
***864** Environs de Vernon (Eure).
***865** La Pointe-aux-Oies, à Wimereux (Pas-de-Calais).
***866** Château de Murols (Auvergne).
***867** Quai d'Orsay (portes de la Chambre des Députés).

CHAMPAGNE (Julien), né à Levallois-Perret (Seine). — 21, rue Vernier, Paris.

***868** Bienville (Oise), premières maisons.
***869** Margny (Oise), soleil d'automne.

CHAMPON (Edmond), né à Paris. — 60, boulevard de Clichy (Pavillon du Midi).

***870** Village (fin août).
***871** Rue de village.
***872** En quittant le village.
***873** Clocher de village.
***874** Le gardeur de dindons (étude).
***875** Temps gris (étude).
***876** Après l'averse (étude).
***877** Sous les pommiers (étude).

CHANAL (Eugène), né à Bruxelles. — 52, faubourg Saint-Honoré, Paris.

***878** Lampe électrique, cuivre rouge martelé.
***879** Plat, cuivre jaune repoussé.
***880** Frise, étain repoussé.

CHAPUIS (Pierre-Marie-Alfred), né à Paris. — 12, rue La Condamine, Paris.

- *881   Chanteurs de la *Paimpolaise*, en Bretagne.
- *882   Un soir de 14 Juillet aux Buttes-Chaumont.
- *883   Jeune fille au tabouret.
- *884   Le jardin du Luxembourg (Paris).
- *885   La vieille douane, à la Trinité-sur-Mer.
- *886   4 études de Bretagne (en 1 panneau).
- *887   4 études de Normandie (en 1 panneau).
- *888   3 études de Paris (en 1 panneau).

CHARLET (Albert), né en France. — Rue du Dôme, 7, à Paris.

- *889   Abandon.
- *890   Coquetterie.
- *891   Vénitienne.
- *892   Le billet doux.
- *893   Mélancolie.
- *894   Jeunesse.
- *895   Rêverie.
- *896   Printemps.

CHARLOT (Louis). — 50, rue de Rennes, à Paris.

- *897   Nature morte.
- *898   Intérieur.
- *899   Soleil d'hiver (Morvan).
- *900   Effet de givre, temps gris (Morvan).
- *901   Après-midi de décembre (Morvan).

'**902** Givre au soleil (Morvan).
***903** Bel après-midi de dimanche (Morvan).
***904** Braconnier jouant de l'accordéon (Morvan).

CHARMOILLE (André), né à Besançon. — 47, rue Turbigo, à Paris.

***905** Vieilles meules et coquelicots.
***906** Un coin de Betheny.
***907** Un coin du port.
***908** Déchargement de betteraves.

CHARMY (Mlle Emilie). — Rue des Tennerolles, 78, Saint-Cloud (Seine-et-Oise).

***909** Grenades.
***910** Fleurs.
***911** Tulipes.
***912** Paysage.
***913** Fleurs de Nice.
***914** Pivoines.
***915** Paysage.

CHARON (Alexandre-Lucien), né Paris. — 69, Rue du Bac, à Paris.

917 Les vieux lavoirs.
918 Entrée de ferme à Gometz.
919 La rue Terre-Neuve (Meudon).

CHASSEVENT (Louis), né à Paris. — 56, rue de l'Abbé-Groult, Paris.

*920   Le Calme.
*921   Les falaises.
*922   La nuée.
*923   Le rayon.
*924   La jetée.

CHATELLIER (Charles-Edouard), né à Lisieux (Calvados). -- Paris, 8, rue de Musset.

*925   Vieux pont à Quimperlé.
*926   Rieuse.
*927   Un coin à Lamballe.
*928   Coin de marché (Quimperlé).
*929   Avant port du commerce (Lorient).
930   Etude de tête.
*931   Pêcheuse de Cancale.
*932   Église de la Roche-Maurice (Bretagne).

CHAUVAUX (Oscar), né à Bruxelles. — 5, rue Louis-Morard, Paris.

*933   Pavots en fleurs (Saulx-les-Chartreux).
*934   Le vieux Pont (Grez-sur-Loing).
*935   L'aube sur le Loing.
*936   L'île à Chinon (soleil levant).
*937   Vieux Chinon.
*938   Moulin de Rochette (près Chinon).
*939   Villeneuve-Saint-Georges.

CHAUVELON (Gabriel), né à Nantes (Loire-Inférieure).
22, rue de Châteaudun, Paris.

*940   Tigeaux (La Plaine).
*941   Moret.
*942   La baie de Samana (Antilles).
*943   Bords de Loire.
*944   Étude (Chaudron).
*945   Tigeaux (Seine-et-Marne) (Aquarelle).

CHAUVET DE SAULSES (Mlle Mathilde), née au Puy-
Saint-Martin (Drôme). — 9, rue Campagne-Première,
Paris.

946   Portrait de M. J. H. (appartenant à M. J. H.).
*947   L'enfant du rivage. Bishopestone (Angle-
       terre).
*948   Marines (pochades), Bishopestone (Susset).
*949   Les bords de la Marne à La Varenne.
*950   Flaque d'eau (pochade).
*951   Coucher de soleil (pochade).
*952   La route à midi (pochade).
*953   Nature morte (les oranges).

CHELIGA-MARYA, né en Pologne. — 22, rue Saint-
Ferdinand, Paris.

*954   Le drapeau rouge en Pologne.
*955   Sanglante vision.
*956   A l'aube.
*957   Vision automnale.
*958   Vision estivale.

***959** Mélancolie.
960 Un portrait.
961 Un portrait.

CHÉNARD-HUCHE, né à Nantes. — 61, rue Caulaincourt, Paris.

***962** La neige à Montmartre.
***963** Brumes du matin à Rotterdam.
***961** Barque hollandaise.
***965** Moulins en Hollande.
***966** La Seine avant Notre-Dame (soleil cou-
chant).
***967** Un canal en Hollande.
***968** La Meuse à Dordrecht.
***969** Le canal dans la brume (Hollande).

CHÊNE (Mlle Antonia), née à Lyon. — 1, rue Bachau-
mont.

970 Dessin plume « Veni Vidi Vici » (appartient
au Dr Legendre.
***971** Miniature : Les vieux Noëls.
***972** Esquisse pour miniature.
973 Cravate brodée (appartient à Mme Demar-
connay).
***971** Carton pour parure brodée.
***975** Carton pour col toile.
***976** Carton pour cravate (dessin de la cravate
brodée).
***977** Carton parure linon brodé.

CHERECHEVSKY (V.-R.), né en Russie (Odessa).
18, rue Boissonade, Paris.

*978   Le café.
*979   Le pont.
*980   Dans un bar
*981   La nuit.
*982   Etude (Bretagne).

CHÉRÉMÉTEW (Basile de), né à Moscou (Russie).
115, rue de la Faisanderie, Paris.

983   Retraite de Russie (1812).

CHERFILS (Christian), né à Martigny (Manche).
41, avenue Kléber, Paris.

984   Noces du chèvre-pied.

CHEVALLIER (Fernand-Hippolyte), né à Le Puy
Haute-Loire). — 10, rue Lamarck, Paris.

*985   Nature morte.
*986   Intimité.
*987   Chevaux à l'écurie.
*988   Vieux cheval.
*989   Tigre.
*990   Le Crould.
*991   La marée.
*992   Le rival.

CHRISTA (Mlle Elisabeth), née à Paris. — 58, rue de Clichy, Paris.

993 Portrait de Mlle Y. d'A...
994 Etude.
995 Fleurs souvenir.
996 En Bretagne.

CRISTMAS (John), né à Copenhague. — 37, rue des Acacias, Paris.

997 Effet de lumière.
998 Effet de lumière.
***999** Effet de lumière.
***1000** La Bidassoa.

CHRISTOPHE (Pierre). — 19, rue Daguerre.

***1005** Cormorans (bronze).
***1006** Biches japonaises (plâtre).

CICHOCKA-NALENCZ (Mme), née en Pologne. — 36, rue de Varenne.

1007 Mendiant polonais.
1008 Paysanne polonaise.
1009 Portrait du comte de C.

CLARY-BARROUX, né à Paris. — Chez M. Pernet, 90, rue Lepic, Paris.

*1010   La Marne à Nogent (automne).
*1011   La cueillette des haricots, Auvers-sur-Oise.
*1012   Quai de la Marine, à l'Ile-St-Denis.
*1013   L'Ile de Vaux, Auvers-sur-Oise.
*1014   Les coquelicots, vallée de la Seine, à Véthueil.
*1015   Printemps, coteaux fleuris, Champigny.
*1016   Le pont de St-Cloud.
*1017   Barrage de Noisiel (automne).

CLAUDEL (Charles), né à Fère-en-Tardenois (Aisne). — 16, rue Hermel, Paris.

*1018   Nature morte (fruits).
*1019   Nature morte (fleurs).

CLOUART (Albert), né à Rennes. — Perros-Guirec, (Côtes-du-Nord), et Galeries Druet, 114, Faubourg St-Honoré.

*1020   La procession de la Vierge.
*1021   Enfants cuisant des pommes.
*1022   Coin de plage.
*1023   Les sirènes.
*1024   Le marchand de macarons.
*1025   Les promis.
*1026   Sur la dune.
*1027   Vierge à l'enfant.

COBIANCHI (Iginio), né en Italie. — 74, rue Demours, Paris.

1028 Portrait, M^e H.
*1029 Lagio Maggiore (Italie).
*1030 Le petit Frou-Frou.
*1031 Sous bois (Italie).
*1032 Fleurs des fortifs.
*1033 Plein été (Italie).
1034 Portrait, M^e N.
1035 Portrait, Mlle S.

COCHIN (Auguste), né au Mans (Sarthe). — 68, rue Lamarck, Paris.

*1036 Cour de ferme, à Episy (S.-et-M.)
*1037 Canal du Loing, à Episy (S.-et-M.)
*1038 Fermes, à Episy (S.-et-M.)
*1039 Village d'Episy (S.-et-M.)
*1040 Vieille chaumière, à Pont-Aven (Finistère).

CŒURET (Alfred-Léon), né à Paris. — 26, rue de la Tombe-Issoire.

*1041 L'incendie (dessin coloré)
*1042 Le jeudi à l'Hôpital Cochin (dessin coloré)
*1043 Construction d'une maison (dessin coloré)
*1044 Moutons dans la vallée (peinture).
*1045 La rivière l'Orne (peinture).
*1046 Glaneuses (peinture).
*1047 Rayon au fond du jardin (peinture).

COHEN (Paul), né à Berlin.   7, rue Jacob, Paris.

*1048   La brocanteuse.
*1049   Aucens House, Edinburgh.
*1050   La Tamise (soleil couchant).
*1051   La Tamise (la nuit).
*1052   Westminster (soleil couchant).
*1053   Westminster (le brouillard).
*1054   Waterloo Bridge.

COINCE (Mme Marguerite), né à Lille (Nord).   48,
   rue Excelmans, Bar-le-Duc (Meuse).

*1055   Buse.
*1056   Lièvre.
*1057   Geai.
*1058   Allouettes.
*1059   Le moulin-bas de Heiltz-le-Maurupt,
            (Marne).
*1060   Avant l'orage.
*1061   Soleil couchant.
*1062   Par la brume.

COLLE (Jean), né à Marseille. — 16, rue de Seine,
   Paris.

*1063   Etang de Saint-Cucufa.
*1064   Lever de soleil (Bretagne).
*1065   Bonneveine (Provence).
*1066   Les Lecques (Provence).
*1067   Etude de fleurs.
*1068   Etudes de Bretagne.
*1069   Etudes de Provence.
*1070   Etudes de Paris.

COLLOT (Charles), né à Nancy. — 31, avenue d'Eylau
Paris.

*1071   Le réveil de la favorite.
*1072   Un ponton sur la Seine.
*1073   Les Moyettes (temps gris).
*1074   Coucher de soleil (étude).

COMMERELL (Paul-Ernest), né à Paris. — 4, rue
Blancheton, Le Bouscat (Gironde).

*1076   Nature morte (objets japonais).
*1077   Nature morte (poissons).
*1078   Nature morte (cafetière et grenades).
*1079   Nature morte (oranges et vase en verre).
*1080   Nature morte (légumes).
*1081   Nature morte (pommes sur une assiette).

CONIN (Alphonse), né à Paris. — 14, rue de Navarin.
Paris.

*1082   La Creuse (le soir).
*1083   Le coteau de Châteaubrun.
*1084   La baie de Dinard.
*1085   La ferme.
*1086   Les chênes (Dinard).
*1087   La baie de Morgat.
*1088   Pommiers en fleurs.

CONTANT (Jules), né à Blois (Loir-et-Cher). — 89,
quai Ulysse-Besnard, à Blois (Loir-et-Cher).

*1089 Route de Villeneuve-Loubet.
*1090 Antibes.
*1091 Cros de Cagnes.
*1092 L'Aven (marée haute).
*1093 L'Aven (marée basse).
*1094 Les bords de l'Aven.
*1095 Le bois d'Amour (Pont Aven).
*1096 Cagnes (4 études aquarelles).

CONTRAULT (Emile-Marie-Théodore), né à Paris. —
60, rue de Fontenay, à Vincennes.

*1097 Le pont Marie (fin octobre).
*1098 Les débardeurs.
*1099 Le port Saint-Nicolas.
*1100 Le pont Marie (matinée d'avril).
*1101 Effet du soir sur l'écluse de la Monnaie.
*1102 Un couple.
*1103 Au café.
*1104 Bastringue.

CORGIALEGNO. — 85, rue Notre-Dame-des-Champs,
Paris.

*1105 Coucher de soleil (Athènes).
*1106 L'étang de Berre.
*1107 Rentrée au port (aquarelle).
*1108 Reflets.

*1109   La poupée japonaise.
*1110   Le gabier.
*1111   Au bain.

CORNILLE (Ernest), né à Paris. — 29, rue de Plaisance, Paris.

*1112   Un coin de l'étang d'Ursine.
*1113   L'auberge.
*1114   Sous bois.
*1115   Les vieux châtaigniers.

COSYNS (Antoine), né à Malines (Belgique). — 37 bis, route des Gardes, Bellevue (Seine-et-Oise).

*1116   Nature morte.
*1117   Nature morte.
*1118   Nature morte.
*1119   Nature morte.
*1120   Nature morte.
*1121   Paysage.
*1122   Idylle (esquisse décorative).

COULON (Gustave), né à Paris. — 12, rue de la Victoire, Paris.

*1124   Enghien, Meulan, Chabenet, Villiers-sur-Morin, Courbevoie, Gournay.
*1125   Impression de la Creuse.
*1126   Souvenir de Bruges.
*1127   Croquis de bateaux.
*1128   Fresselines, Crozant, Chabenet.

*1129   Souvenirs de Venise
*1130   Chelles, Bazouges, Crozant, Le Pin,
        Vervy, Puy-Guillon.

COULON (Henri), né à Paris. — 37, rue de Châteaudun,
Paris.

1131   Vervy (Creuse).
1132   Rochers sur la petite Creuse.
1133   Barrage sur la petite Creuse.
1134   Les deux Creuses à Fresselines.
1135   Le confluent, Fresselines.
1136   Le chemin de la Cure, à Fresselines.
1137   Vues de la Creuse et de la Tarde.
1138   Aquarelles : Fresselines.

COULY-RAYMOND (Fernand), né à Villeneuve-sur-
Lot (Lot-et-Garonne). — 17, rue des Gatines, Paris,
chez MM. J. de Bonal et Tarbes, 2, rue des Grands-
Fossés.

*1139   Le carrefour Drouot (effet de nuit).
*1140   Boulevard des Italiens (effet de nuit).
*1141   Boulevard des Capucines (crépuscule).
*1142   Avenue de Clichy (effet du matin).
*1143   Boulevard Saint-Martin (après la pluie).

COURCHÉ (Félix), né à Paris. — 20, rue Demarquay,
Paris.

*1144   Tête de femme.
*1145   Tête de femme.
*1146   Tête de femme.
*1147   Tête de femme.

COUSIN (Victor-Louis), né à Paris. — 64, rue Rebeval, Paris.

*1150   En Picardie (entrée de village).
1151   Portrait de Mlle de St-J.
*1152   En Picardie (route de Buire).
1153   Portrait de mon père.
*1154   L'Incompris (étude).
*1155   Étude (intérieur d'atelier).
*1156   Étude (tête d'enfant).
*1157   Grande marée (Ault).

COUSTURIER (Mme Lucie), née à Paris. — 43, boulevard Beauséjour, Paris.

*1158   Nourrice et nourrisson.
*1159   Soleil couchant St-Tropez.
*1160   Matin en Provence.
*1161   Nature morte.
*1162   Œillets.
*1163   Arbres en fleurs.
*1164   Bouquet.
*1165   Fleurs.

COUTANT (Henri), né à Le Blanc (Indre). — La Châtre (Indre).

*1166   Ste-Sévère (une rue).
*1167   La Châtre (rue Tourtella).
*1168   Ste-Sévère (la porte de ville).
*1169   Maison à Nohant.
*1170   La Châtre (rue du Château-Vieux).

***1171** Le pont aux laies (La Châtre).
***1172** Marcelle et Loulou.
***1173** Vieille maison à Montgivray (Indre).

CRAMER (Mlle Olga de), né à Ioala (Russie). — 41, rue Bayen, Paris.

***1174** Intérieur de Santa-Croce, à Florence.
***1175** Bébé.
1176 Bébé (étude en gris), (appartient à Mme de G.).
***1177** Bébé avec un chat.
1178 Etude au musée de Londres.
1179 Etude au musée de Londres.
1180 Sur les marches d'une chapelle étude aux couleurs Raffaëlli).

CRÉMAZY (Paule), née à St-Denis (île de La Réunion. — 191, rue de l'Université, Paris.

***1181** Lac de St-James (bois de Boulogne).

CROSS (Henri-Edmond), né à Douai. — Le Lavandou (Var).

***1182** Nymphes.
***1183** Fuite des nymphes.
***1184** Faune.
***1185** Paysage (chaîne des Maures).
***1186** Aquarelle.
***1187** Aquarelle.
***1188** Aquarelle.

CUVELIER (Alexandre), né à Saint-Omer (Pas-de-Calais). — 37, rue de l'Université, Paris.

    1189 Portrait (appartient à Mme C.
    *1190 Un canal le soir en Flandre.
    *1191 Bord de canal le soir.
    *1192 Après l'orage (Flandre).
    *1193 Une rivière (Pas-de-Calais).
    *1194 Oranges et roses.
    *1195 Pommes.
    *1196 Œillets.

CZIGANY (Désiré), né à Budapest (Hongrie). — 9, rue Campagne-Première.

    *1197 Cocotte (pastel).
    *1198 Cocotte (pastel).
    *1199 Cocotte (pastel).
    *1200 Cocotte (pastel).
    *1201 Cocotte (pastel).
    *1202 Cocotte (pastel).
    *1203 Cocotte (pastel).
    *1204 Tête d'homme.

CZOBEL (Béla), né à Budapest (Hongrie). — 9, boulevard de Vaugirard, Paris.

    *1205 Portrait de moi-même.
    *1206 Intérieur gris avec fille.
    *1207 Portrait d'un jeune homme.
    *1208 Enfant en robe rose.
    *1209 Paysage décoratif (Zeebrugge).
    *1210 Nu de dos.

*1211 Double portrait.
*1212 André de Székely.

DAGNAC-RIVIÈRE (Charles), né à Paris. — 23, boulevard Pasteur, Paris.

*1213 Chemin de halage.
*1214 La route du bourg de Batz.
*1215 A Venise.
*1216 A Venise.
*1217 A Tétuan (Maroc).
*1218 Marché arabe.
*1219 Pêcheurs d'Alger.
*1220 Voile rouge.

DAILLION (Mme Palma), née à Atina (Italie). — 77, rue
Denfert-Rochereau, Paris.

*1221 La clairière.
*1222 La Creuse, le matin.
*1223 Sous bois.
*1224 Le bassin du Dragon (Versailles).
*1225 Vue de ruines, le matin.
*1226 Ancien moulin.
*1227 Etang de Chaville.
*1228 Ruines de Crozant.

DAMBOURGEZ (Edouard), né à Pau (Basses-Pyrénées).
55, rue Meslay, Paris.

1229 Canal à Bruges.
1230 Vues de Venise.

1231 Vues de Hollande et Venise.
1232 Bateau sur le canal Bruges, Hollande.
1233 Isola de St-Michele à Venise.
1234 Sur le grand canal à Venise.
1235 Venise près de la douane.
1236 Bateaux de pêche à Vollendam.

DAMOUR (Charles), né à Cosne (Nièvre). — 84, rue de
Monceau, Paris.

1237 Portrait de Mme Paul de Garross.
*__**1238**__ Bigoudènes de Saint-Guénolé.
*__**1239**__ Gare de Laverrière.
*__**1240**__ Jean-Pierre.
*__**1241**__ Vague au soleil couchant.
*__**1242**__ Marchandes de pommes.
*__**1243**__ Marie Vinic.
*__**1244**__ Meules dans le brouillard.

DANNENBERG (Mme Alice), née à Riga. — 90, rue
d'Assas, Paris.

*__**1245**__ Au Luxembourg.
*__**1246**__ Baignade.
*__**1247**__ Baignade.
*__**1248**__ Baignade.
*__**1249**__ Baignade.
*__**1250**__ Fontaine Carpeau.
*__**1251**__ Les nourrices.
*__**1252**__ Saint-Sulpice.

DANTU (Georges), né à Paris. — 15, rue de Saint-Pétersbourg, Paris.

*1253   Port Saint-Nicolas (Ile de Groix).
*1254   Vallon de Kerleur (Ile de Groix).
*1255   Rocher de Penmarc'h (Finistère).
*1256   Trez (ferme près Bénodet).
*1257   Lever de lune (Concarneau).
*1258   Rochers du Grippe (Ile de Groix).
*1259   Rochers du Pouldu (Finistère).
*1260   Pointe du Raz (Finistère).

DEBORNE (Robert), né à Viviers-sur-Rhône. — 23, rue Denfert-Rochereau, Paris.

*1261   Femme se parant de boucles d'oreilles.
*1262   La petite maison au soleil.
*1263   Les collines.
*1264   Le grand chêne (soir).
*1265   Vue de Viviers.
*1266   Bouquet et coffret.
*1267   Bouquet de reines-marguerites.
*1268   Les dahlias.

DEBRAUX (René). — 13 *bis*, rue du Marché, à Neuilly-sur-Seine.

1269   Fin de marché à Envermeu.
1270   La vieille ville.
1271   Fin d'orage à Dieppe.
1272   Cour à Moret.
1273   L'avant-port de Dieppe.

1274   Le village d'Ecuelles.
1275   Le soir (dessin aquarellé).
1275 *bis*   La cour abandonnée.

DECONCHY (Ferdinand) né à Paris. — Chez M. François Touret, 45, rue Notre-Dame de Lorette.

*1276   Trianon.
*1277   Bas Meudon.
*1278   Pêches.
*1279   Pommes.
*1280   Menton (vue de)
*1281   Rochers en fleurs (Monaco).
*1282   Beaulieu.
*1283   Cagnes.

DELAHOGUE (Alexis) né à Soissons (Aisne). — 15, rue Grange-Batelière, Paris.

*1284   Un coin à Blandy.
*1285   Ancien moulin à Moisenay.
*1286   Pré à Blandy.
*1287   Ferme en Seine-et-Marne.

DELAHOGUE (Eugène) né à Soissons (Aisne). — 15, rue Grange-Batelière, Paris.

*1288   Vieille ferme à Moisenay.
*1289   Une rue à Blandy.
*1290   A Blandy (les Tours).
*1291   Une rue de village (Blandy).

DELANNOY (Aristide), né à Béthune (Pas-de-Calais).
— 88, avenue du Maine, Paris.

*1292   Mineurs du Pas-de-Calais.
 1293   Portrait du docteur P.
 1294   Portrait de Gustave D. S.
 1295   Portrait de Madame D.
*1296   Paysage à Essars.
*1297   Paysage à Montmartin (Aube).
*1298   Mineurs (dessin).

DELAUNAY (Pierre) né à Champtocé (Maine-et-Loire).
— 4, avenue Peterhof, Paris.

*1299   Bords de la Loire (les peupliers).
*1300   Bords de la Maine (prairies en fleurs).
*1301   Parc Monceau (novembre 1905).
*1302   Parc Monceau (novembre 1905).
*1303   Bords de la Loire (les Jubeaux).
*1304   Bords de la Loire (la Pointe).
*1305   Effet de neige (décembre 1905).

DELAUNAY (Robert), né à Paris. — 84, rue de Monceau, Paris.

*1306   Brûleuses de goémon.
*1307   Ecarteuse de goémon.
*1308   La fête du pays, danses.
*1309   La femme au pain.
*1310   Par les dunes, retour de fête.
*1311   Tronoan.
*1312   La mer.
*1313   La mer.

DELCUS (Louis). — 23, rue de Maubeuge, à Paris.

*1314 La Seine à Herblay.
*1315 Blés à Auvers.
*1316 Bateau lavoir d'Herblay.
*1317 Moulin sur le Grand-Morin.
*1318 Blés à Villiers.
*1319 Automne.
*1320 Forêt de Fontainebleau.
*1321 L'Essone.

DELESTRE (Eugène), né à Paris. — 7, villa Méquillet, à Neuilly-sur-Seine.

*1322 Un coin de Chantemesles.
*1323 Jardin au cyprès mort à Chantemesles.
*1324 Bord de la Seine à Chantemesles.
*1325 Ruelle à Chantemesles.
*1326 Soir pluvieux en Bretagne.
*1327 La Seine à la Frette.
*1328 Vieux pigeonnier à Carnetin (aquarelle).
*1329 L'atelier en plein air.

DELFOSSE (Louis), né Bayonne. — 8 *bis*, chemin des Vallières, à Ville-d'Avray (Seine-et-Oise).

*1330 Guinguettes de mariniers (Bas-Meudon).
*1331 Le cabaret de la « Pêche miraculeuse ».
*1332 Les péniches (Bas-Meudon).
*1333 Le lavoir de Sèvres.
*1334 Le ponton de Bellevue.
*1335 Coin de banlieue (Billancourt).

*1336 Les peupliers de l'île Séguin, temps
       d'orage.
*1337 Soirée de printemps.

DEL'HOMME (Rémy), né à Paris. — 3, rue des Garennes, à Chatou (Seine-et-Oise).

*1338 L'église de M.-G., près Putanges (Orne).
*1339 Fleurs, genre ancien.
*1340 Château du *Quo-Vadis* (Ploumanach).
*1341 Trestrignel.
*1342 Trestraou.
*1343 Rochers de Kardoval.
*1344 Route de Perros-Guirec.
*1345 Le chapeau de Napoléon Ier (Plouma-
       nach).

DELIGNY (Henri-Hubert), né à Huelva (Espagne).
168, faubourg Saint-Honoré, Paris.

*1346 Le pont Santa-Trinita, à Florence.
*1347 La via S. Giovanni, à S. Gimignano.
*1348 Le forgeron de la via dei Girolami, à
       Florence.
*1349 Scène de pluie, à Florence.
*1350 Les bords de l'Arno en été. — L'enlève-
       ment des sables (Florence).
*1351 La via dei Neri, à Florence.
*1352 La via dei Servi, à Florence.
*1353 Trois études réunies :
       1. Le pont alla Caraia, à Florence, par
          la pluie.
       2. Les vieilles maisons, à Florence.
       3. La route de S. Gimignano.

DE SAINT-DELIS (René), né à Saint-Omer. — 76, rue Augustin-Normand, Le Havre.

 *1354 Port d'Honfleur.
 *1355 Port d'Honfleur.
 *1356 Le cap d'Antifer.
 *1357 Falaises (Saint-Jouin).
 *1358 Falaises (Saint-Jouin).
 *1359 Falaises (Saint-Jouin).
 *1360 Vallon de Sourdeval (Saint-Jouin).
 *1361 Port d'Honfleur (marée basse).

DELMAS (Eugène), né à Pléaux (Cantal). — Mauriac (Cantal).

 *1362 Gorges de l'Auze (en février).
 *1363 Entrée de bois (automne).
 *1364 Le ruisseau de Saint-Jean.
 *1365 Les chênes rouges.
 *1366 Paysan auvergnat.
 *1367 Au devant de la maison.

DELPECH (Édouard), né à Toulouse. — 112, boulevard de Courcelles, Paris.

 *1368 Vallée d'Arrens, église du xve siècle, à Marsous (Hautes-Pyrénées).
 *1369 Don Quichotte dans sa bibliothèque lisant *Amadis*.
 *1370 Chemin et bourg Périnot, commune de Merignac (Gironde).
 *1371 Village de Marsous, canton d'Aucun (Hautes-Pyrénées).

*1372 Les deux rossignols.
*1373 Ancien château de Balzac, à Villeneuve-
       Saint-Georges, transformé en mairie.
*1374 Pont de Ris-Orangis (Seine-et-Oise).

DELTOMBE (Paul). — 25, rue Daguerre, Paris.

*1375 Partie de campagne.
*1376 Pastorale.
*1377 Vieil Arras.
*1378 Bords de la Scarpe (soleil).
*1379 Bords de la Scarpe (temps gris).
*1380 Bords de la Scarpe (matin).
*1381 Vieil Arras (au printemps).
*1382 Paysage d'Artois.

DEMARQUETTE (Frédéric), né à Hénin-Liétard, près
Calais. — 54, rue d'Enghien, Paris.

*1383 Moulins jumeaux (Artois).
*1384 Village d'Artois.
*1385 Coin d'étang à St-Aubin (Ille-et-Vilaine).
*1386 Près du moulin (Bretagne)
*1387 Entrée de village (Oise).

DENIS (Maurice), né à Granville. — 59, rue de Mareil,
Saint-Germain-en-Laye.

1388 Baignade au Pardon de Sainte-Anne-La
      Palud (appartient à M. Théo Van
      Rysselberghe).

1389 Polyphème (appartient à M. Druet).

***1390** Fontaine de Pèlerinage en Guidel.

***1391** Paysage des environs de Quimperlé.

1392 Les devoirs de vacances (appartient à Mme D...)

1393 La couronne (appartient à M. Druet).

***1394** Les Korrigans.

DENIS-VALVÉRANE, né à Manosque (Basses-Alpes). — 174, rue de Vaugirard, Paris.

***1395** Dans les oliviers.

***1396** Le bastion abandonné.

***1397** La route de Fontolive.

***1398** Berger provençal.

***1399** Sous les chênes verts.

***1400** Au temps des aires.

***1401** La festo vierginenco (la fête virginale).

***1402** Sous le rocher de Volx.

DENISE (Mlle Jeanne), née à Paris. — 6 *bis*, villa Dupont, rue Pergolèse, Paris.

***1403** Pivoines roses.

***1404** Jour de prix.

***1405** Profil.

***1406** Le soleil.

***1407** La petite Adrienne.

***1408** Œillets.

***1409** Nature morte.

***1410** Dans le jardin.

DENISSE (J.-Jean), né à Bordeaux. — 18, boulevard
Edgard-Quinet, Paris.

1411 Dahlias jaunes (jardin du Luxembourg).
1412 Dahlias roses (jardin du Luxembourg).
1413 Fleurs au crépuscule (jardin du Luxembourg).
1414 Le banc (Luxembourg).
1415 Le bassin (jardin du Luxembourg).
1416 Automne (jardin du Luxembourg).
1417 La marelle (jardin du Luxembourg).
1418 La pelouse (jardin du Luxembourg).

DÉPLANTÉ (Mᵐᵉ B. Voyot), née à Paris. — 41, rue
de Neuilly, à Clichy (Seine).

*1419 Le règlement (dessin).
*1420 Au Jardin des Plantes (dessin).
*1421 Grand-mère et petits enfants (dessin).
*1422 Le pansage (dessin).
1423 Portrait de M. de B... (porcelaine).
*1424 Clichy (peinture).
*1425 Étude rose et bleu (peinture).
*1426 Roses en parterre (peinture).

DERAIN (André), né à Paris. — 7, place de l'Hôtel-de-
Ville, Chatou (Seine-et-Oise).

*1427 Prouesse.
*1428 A la source.
1429 Port de pêche (appartient à M. Vollard).

DÉROULÈDE (Pierre-Paul-Roger), né au Bouscat (Gironde). — 73, rue Claude-Bernard, Pasis.

*1430 Italienne.
*1431 La prière.
*1432 Le soir de la vie.
*1433 Chemin de la Source à Cambo.
*1434 Loin du bal (pastel).
*1435 Sans travail (dessin).
*1436 Labourage (aquarelle).
*1437 Gavroche (aquarelle).

DEROUSSE (Mlle Blanche), née à Paris. — 78, faubourg Saint-Denis, Paris.

*1438 Crabe et citéons.
*1439 Roses de Noël.
*1440 Bouteille et pommes.
*1441 Nature morte (melon).
*1442 Étude (poires).
*1444 Portrait du Dr G... Pointe sèche (état définitif), d'après Norbert Gœneutte (Musée du Luxembourg).

DESBORDES (Marie), née à Bordeaux. — 14, rue Alexandre-Cabanel, Paris.

*1445 Allée de Manguiers, à Brazzaville (Congo)
*1446 Paysage (Bois de Boulognes).
*1447 Lac Saint-James.
*1448 Chrysanthèmes.
*1449 Mimosa et violettes.
*1450 Roses et lilas.

·**1451** Fleurs et fruits
·**1452** Roses.

DESLANDRE (Camille), né à Chàlons-sur-Marne. —
16, faubourg Saint-Antoine, à Chàlons-sur-Marne.

*   *1453** Série de 6 paysages (1 panneau).
*   *1454** Série de 6 paysages (1 panneau).
*   *1455** Série de 6 paysages (1 panneau).
*   *1456** Paysage suisse (près du lac de Neuf-
          châtel).
*   *1457** Soleil couchant (Spiez).
*   *1458** La Seine en juillet.
*   *1459** Une ferme (Seine-et-Oise).
*   *1460** Temps pluvieux (Suisse).

DESLIGNÈRES (André), né à Nevers.   95, faubourg
Saint-Martin, Paris.

*   *1461** Les sabots (eau forte).
*   *1462** La Sève (eau-forte).
*   *1463** Repos (eau-forte).
*   *1464** Printemps (eau-forte).
*   *1465** Au pétrin (eau-forte).
*   *1466** En moisson (eau-forte).
*   *1467** Etude automne (aquarelle)
    1468 Deux études automne (aquarelle).

DESPLANQUES (Xavier), né à Valognes. — 82, rue
de Rome, Paris.

*   *1469** La Pernelle (Normandie) (aquarelle).
*   *1470** Chaumines (aquarelle).

*1471 Chaumes (aquarelle).
*1472 Clairière (aquarelle).
*1473 Morsalines (Normandie) (aquarelle).
*1474 Eglise de Jobourg (peinture).
*1475 Chien en bois (aquarelle).

DESSERTEAUX (Léon), né à Bourgneuf - Val - d'Or (Saône-et-Loire).   16, rue Decamps, Paris.

*1476 Une carrière.
*1477 Oliviers et pêchers.
*1478 La plaine de la Cagne.
*1479 Lavoir.
*1480 Sortie du port (Ouistreham).
*1481 Intérieur.
1482 Baie des Anges (le soir).
*1483 Antichambre.

DEZAUNAY (Emile), né à Nantes. — 15, villa Méquillet, Neuilly-sur-Seine).

*1484 Armateur breton à bord d'un vapeur anglais.
*1485 Rentrée des bateaux de pêche, Croix-de-Vie (Vendée).
*1486 Jeunes Bretonnes au pardon, Saint-Léger, Finistère (aquarelle).
*1487 Jeune fille et enfant. Nenez, Finistère (aquarelle).
*1488 Jeune bonne tirant du cidre (aquarelle).
*1489 Sortie de messe, Penmarch (aquarelle).
*1490 Danse, Beg Meil (aquarelle).
*1491 Retour de foire, Pont-L'abbé (aquarelle).

DÉZIRÉ (Henri), né à Libourne. — 41, rue de Seine, Paris.

*1492 Portrait.
*1493 Etude.
*1494 Etude.
*1495 Nature morte.
*1496 Nature morte.
*1497 Nu sur fond blanc.
*1498 Etude.
*1499 Etude.

DIRIKS (Edouard), né à Christiania. 18, rue Boissonade, Paris.

1500 Portrait.
*1501 Intérieur.
*1502 Après la pluie.
*1503 Dans la forêt.
*1504 Jour d'hiver. Paris.
*1505 Soir sur la côte.
*1506 Le pin.
*1506 bis Le Fjord au mois d'août.

DOLLEY (Pierre). —61, quai de la Tournelle, Paris.

*1507 Etude, Bréhat.
*1508 Etude, Bréhat.
*1509 Etude, Bréhat.
*1510 Nature morte.
*1511 Nature morte.
*1512 Paysage.
*1513 Paysage.
1513 bis Nature morte.

DOLMETSCH (Albert), né au Mans (Sarthe). — 2, rue de la Vrillère, Paris.

*1514 Bords de l'Huisne, près du Mans (Sarthe).
*1515 Après le coucher du soleil.
*1516 Paysage.
*1517 Environs de Paris (aquarelle).
*1518 Nature morte.
*1519 Une ferme à Arnage (Sarthe).
*1520 Bords de la Sarthe, à Arnage.
*1521 Route dans les sapins.

DORÉ (Constant), né à Auvers-le-Hamon (Sarthe). — 75, faubourg St-Martin, Paris.

*1522 Avant le dîner.
*1523 Fenêtre fleurie.
*1524 Roses et Mimosa (gouache).
*1525 Étude de roses.

DORIGNAC (Jorge), né à Bordeaux. — 25 bis, grande rue, Sèvres (Seine-et-Oise).

*1526 Fleurs et fruits.
*1527 Fillette en rouge.
*1528 Fillette en rose.
*1529 Petit village.
*1530 Femme masquée.
*1531 Buste d'enfant.
*1532 Intérieur.
*1533 Mère et enfant.

DOUROUZE (Daniel-Urbain), né à Grenoble. — 40, rue de Verneuil, Paris.

*1534 Novembre au bois de Boulogne.
*1535 Bagatelle l'automne.
*1536 Bagatelle une allée.
*1537 Bagatelle un coin du parc.
*1538 Bagatelle la plaine.
*1539 Le Rhône à Valence.
*1540 Près Vouziers (Ardennes).
*1541 Marine.

DREYFUS (Clément), né à Neuf-Brisach, ancien département du Haut-Rhin. — 34, rue de la Verrerie, Paris.

*1542 Fin d'été à l'étang de Villeneuve.

DRUARD (Paul), né à Pierre-de-Bresse. — 23, quai Bourbon, Paris.

*1543 Le printemps.
*1544 Fragment (étude).
*1545 Fragment (étude).
*1546 Fragment (étude).
*1547 L'allée (paysage).

DUBÈCHOT (Marius), né à Paris. — Hôtel des Invalides, Paris, et à Etormay (Côte-d'Or).

1548 Place de village, à Vernot (Côte-d'Or), appartient à M. le Dr Fischer.
*1549 Lac de Lucerne et le « Stanserhorn ».
*1550 Vieux moulin à Chaume (Côte-d'Or).

*1551 Au bord du lac (Lucerne).
*1552 Bord de la Marne à Charenton.
1553 Coucher de soleil, appartient à M. V.
*1554 Etude d'après un jouet en bois ayant appartenu au roi de Rome (Musée de l'armée).
*1555 Le mont Valérien (vue prise de la porte de Saint-Cloud).

DUBOIS (René), né à Villemomble (Seine). — 35, rue de Berlin, Paris.

1556 Etude de printemps (à l'huile).
1557 Vallée de la Marne à Chierry (aquarelle).

DUBUISSON (Albert), né à Rouen. — 53, rue de Bourgogne, Paris.

*1558 San Catarina (del Sasso).
*1559 Ile Pescatore (Lac Majeur).
*1560 Soleil couchant (Lac majeur).
*1561 Vue de Venise.
*1562 Une rue de Stresa.
*1563 Souvenir de Toscane.
*1565 Etude.

DUCHEMIN (Jean), né à Ivry (Seine). — Place d'Armes, Blida (Algérie).

*1566 Cimetière arabe à Blida (Peint. à l'eau).
*1567 Cimetière arabe —
*1568 Rue de Blida au crépuscule —
*1569 Entrée de maison mauresque —

DUFY (Raoul), né au Havre. — A Sous-les-Rochers-
Falaise (Calvados).

*1570   Neige.
*1571   Neige.
*1572   Neige.
*1573   L'hiver, la grande route.
*1574   Plage.
*1575   Plage.
*1576   Grands arbres.
*1577   Grands arbres.

DUJARDIN (Mme Germaine), née à Paris. — 14 *bis*, rue
Marbeuf, à Paris.

*1578   Fleurs.
*1579   Fruits.
 1580   Pastel (appartenant à Mme. Poirel).
*1581   Pastel.

DULAC (Guillaume), né à Fumel (Lot-et-Garonne). —
13, rue Duperré, à Paris.

*1582   Maison au soleil (Lot-et-Garonne).
*1583   Coin de ferme (Lot-et-Garonne).
*1584   Paysage (Lot-et-Garonne).
*1585   Quatre pochades dans un même cadre.
*1586   Pommes et estampe (nature morte).
*1587   Oranges et pommes (nature morte).
*1588   Oranges (nature morte).
*1589   Intérieur.

DUPONT (Victor), né à Boulogne-sur Mer. — 27, rue
Bucker, à Lhomme, près Lille (Nord).

*1590   Homme à la pipe.
*1591   Aurore.
*1592   Enfant à la voiture.
*1593   Enfant à la chaise.
*1594   Après-midi de printemps (Luxembourg).
*1595   Matinée printemps.
*1596   Enfant aux cerises.
*1597   Intérieur de cuisine.

DURAY (Emile). - 9, rue Bleue, à Paris.

*1598   Nemours.
*1599   Les commères.
*1600   Parc Monceau.
*1601   Jardin des Tuileries.
*1602   La péniche.
*1603   Le Loing à Nemours
*1604   La Seine à Maisons-Laffitte.

DUSOUCHET (Léon-Pierre), né à Versailles. — 4, rue
de l'Indre, à Paris (20e).

*1605   Mimosa.
*1606   Chardons.
*1607   Fleurs (étude).
*1608   Coin de table au soleil.
*1609   Un coup de crayon.
*1610   Intimité.
*1611   Temps gris.
*1612   Le goûter.

DUVAL (Constant), né à Champlay (Yonne). — 60, rue
Gravel, Levallois-Perret (Seine).

*1613   Le nuage rouge.
*1614   Paysage d'automne (la matinée).
*1615   La rivière (fin d'après-midi).
*1616   La Seine près de Suresnes (le soir).
*1617   La mare de Saint-James (matin d'au-
           tomne).
*1618   Le vieux moulin.
*1619   La vieille porte (Auvers-sur-Oise).
*1620   La vieille maison et l'arbre rouge.

DUVAL-GOZLAN (Léon), né à Paris. — 41, rue de la
Tour-d'Auvergne, Paris.

*1621   Matin (bords de la Sarthe).
*1622   Provence.
*1623   Canal de Marans.
*1624   Bords de la Cère (Cantal).
*1625   Le soir (Provence).
*1626   Bords de la Sèvre.
*1627   La Rochelle.
*1628   La Rochelle.

DRÉSA (Jacques), né à Paris. — 20, rue du Cirque,
Paris.

*1629   Le coin favori.
*1630   La Sagesse et l'Amour.
*1631   Le vieux pupitre.
*1632   La petite pendule Louis XVI.

***1633** Le lit du matin.

1634 Buste en terre cuite (aquarelle), appartient à Mme J. P.

1635 Ecran rouge (aquarelle), appartient à
Mme J. P.

D'EAUBONNE (Lucien), né à Chaville. — 164, Grande-
Rue, Sèvres (Seine-et-Oise).

***1636** Alhambra (Grenade).
***1637** Alhambra (Grenade).
***1639** Tolède, pont Saint-Martin.
***1640** Tolède, porte de Cambron.
***1641** Cordoue.

ECREMENT (Louis), né à Paris. — 8 bis, rue Campagne-Première, Paris.

***1642** Bouquet de chardons.
***1643** Bouquet de lilas.
***1644** Bouquet des bois.
***1645** Figure à la lumière d'une lampe (pastel).
***1646** Quatre paysages en Maurienne (pastel).
***1647** Paysage en Alsace.
***1648** Bruyères au bois de Verrières.
***1649** Bords de l'Yvette à Champlans.

EDE (Frédéric), né à Nottawa (Canada). — Montigny-
sur-Loing (Seine-et Marne).

***1650** Aux bords d'une rivière (peinture).
***1651** Le Loing (peinture).
***1652** Forêt de Fontainebleau (aquarelle).
***1653** Forêt de Fontainebleau (aquarelle).

*1654   Chien (aquarelle).
*1655   Chien de meute (aquarelle).
*1656   Ferme, au Luat (peinture).
*1657   Bords du canal, à Épizy (peinture).

EDWARDS (Alfred), né à Constantinople. — 244, rue de Rivoli, Paris.

*1658   Le bain chinois.

ELEN (Mlle Mia), née à Paris. — 10, rue Notre-Dame-de-Lorette, Paris.

*1659   Boules de neige (huile).
*1660   Fleurs des champs (huile).
*1661   Paysage Normand (huile).
*1662   Coin d'atelier (huile).
*1663   Chrysanthèmes (pastel).
*1664   Paysage, bords de l'Orge (pastel).
*1665   Nature morte (pastel).
*1666   Giroflées blanches et roses (pastel).

ENAULT (François), né à Varenguebecq (Manche). — 151 bis, rue de Grenelle, Paris.

*1667   Les joueurs de quilles.
*1668   La bouillie.
*1669   Au régime lacté.
*1670   Le moulin de la Taille.
*1671   La partie de cartes.
*1672   L'église Saint-Rémy (pastel).
*1673   Tricoteuse (pastel).
*1674   Intérieur normand (pastel.)

ESPAGNAT (Georges d'). — 19, boulevard Berthier, Paris.

*1675   Le hamac.
*1676   Jardin, à Cagnes.
*1677   Baie de la Moutte (Var).
*1678   L'Ile-de-France.
*1679   Jardin sous la neige.
*1680   Vase de fleurs.
*1681   Vue d'Andresy.
*1682   Fleurs.

ETTAPOFF (Maxime), né à Ekaterinaslav. — 107, avenue du Maine, Paris.

*1683   Procession à Madrid.
*1684   Jardin du Luxembourg.
*1685   Café-concert.
*1686   Dans la basse-cour.
*1687   Sur les fortifications.
*1688   Feu d'artifice.
*1689   La route.
*1690   Le marché.

EUSTACHE (Sylla), né à Paris. — 18, rue Daunou, Paris.

*1691   Rua del Favio (Venise), pastel.
*1692   Venise (vue du Liddo), pastel.
*1693   Environs de Paris, pastel.
*1694   Cap Brun (Toulon), pastel.

FABER DU FAUR (Hans von), né à Stuttgart, 20, Karl-strasse, Munich (Bavière).

1695 Chasseur de chamois.
***1696** Fillette en gris.
1697 Dame en orange.
***1698** Retour du travail.
***1699** Etude de fillette en blanc.
***1700** Au bord de la mer.
***1701** Etude d'àne.
***1702** Cavalier d'àne.

FABRE (Auguste), né à Montpellier (Hérault). — 37, rue St-André-des-Arts, Paris.

***1703** La maison au crépuscule.
***1704** Le sentier matinal.
***1705** Songe de pierres.
***1706** Les fermes.
***1707** Vieilles pierres (gravure eau-forte).
***1708** Vieux nids.
***1709** Le village au soleil.
***1710** L'heure calme (gravure eau-forte).

FALQUET (Aug.), né à Paris. — Route Neuve à Triel.

***1711** Raisin et pêches.
1712 Chrysanthèmes.
***1713** Dessert.
***1714** Le déjeuner du pauvre.
***1715** Le déjeuner du riche.
1716 Roses.
1717 Tulipes.
***1718** Les chalets normands à Triel.

FARRÉ (Henry), né à Foix. — 16, rue de Navarin, Paris.

 *1719 Vieilles maisons sur le Scios, près Foix.
 *1720 Temps de neige à Paris.
 *1721 Vieilles maisons, près Foix.
 *1722 Tournant de route, près Foix.
 *1723 Trouville (heure du bain).
 *1724 Trouville (les planches).
 *1725 Paysage (Foix).
 *1726 Trouville, la rue de Paris.

FAUCONNET (Guy-Pierre), né à Chelles (Seine-et-Marne). — Palais du Luxembourg, Paris.

 1727 Portrait d'enfant.
 *1728 Brouillard.
 *1729 Temps gris.
 1730 Paysanne.
 *1731 Javelles.
 *1732 Rayons obliques.
 *1733 Plaine de Chantereine.
 *1734 Avoines.

FAUVEL (Robert), né à Paris. — 28, rue du Rocher, Paris.

 *1735 Le vieux pont de Limay.
 *1736 A Dennemont, près Mantes.
 *1737 Les laveuses et le vieux pont de Limay.
 1738 L'Augusta.
 1739 Fantaisie japonaise.

FAVRE (Pierre-André), né à Villereversure (Ain). —
25. rue d'Ulm, Paris.

*1740   Etude plein air.

FESNEAU (Auguste-Henri), né à Paris. — 17, rue du
Progrès à Vincennes (Seine).

Nocturnes :
*1741   Eclaircie de lune à La Rochelle.
*1742   La tour de l'Inquisition à Carcassonne
          (clair de lune).
*1743   Une nuit d'été à Fontarabie (Espagne).
*1744   Lever de lune sur la mare aux pigeons
          (Fontainebleau).
*1745   Nuit sereine sur le grand canal (Venise).
*1746   Le mont St-Michel (la nuit).
*1747   Moret au clair de lune.
*1748   Le départ pour la pêche.

FIDRIT (Charles-André), né à Paris. — 1, rue Paul-
Féval, Paris.

*1749   La neige à Montmartre.
*1750   L'hiver sur la butte.
*1751   L'automne sur la butte.
*1752   Nature morte.
*1753   Les Plomarch's (Bretagne).
*1754   Yvonne.
*1755   Au jardin l'été (étude).
*1756   A marée basse, le port de Tréboul
          (Bretagne).

FIRMIN (Claude), né à Avignon (Vaucluse). — 54, rue de Seine, Paris.

    *1757   Route de Villeneuve-lès-Avignon.
    *1758   L'Ollivette (soir).
    *1759   Pont d'Avignon (brume).
    *1760   Vieille maison provençale.
    *1761   Coup de midi.
    *1762   Le chiffonnier (environs de Paris).

FLAMENT (Edouard-Casimir), né à Wavrin (Nord). — 61, rue Caulaincourt, Paris.

    *1763   Misère.
    *1764   Nocturne.
    *1765   Maisons-Alfort.
    *1766   Rieuse.
    *1767   Fleurs.
    *1768   Petits bouleaux.
    *1769   Vieux Paris (Ruines de l'hôtel de Neufbour, rue Corvisart, 1762).
    *1770   Les Prés Barbieux, St-Amand (Nord).

FLANDIN (Jules), né à Corenc. — 9, rue Campagne-Première, Paris.

    *1771   Diane chasseresse.
    *1772   Virgile écoutant chanter les cigales.
    *1773   A la fontaine.
    *1774   Croquis à l'Opéra.
    *1775   Roses et mimosas.
    *1776   Le vallon fleuri.
    *1777   Etude.
    *1778   Etude.

FLEURY (Georges-Pierre), né à Paris. — 44, rue des
Bois, Paris.

*1779 Effet de lune.
*1780 Déshabillé par les Amours.
*1781 Les guêpes.
*1782 Papillon bleu.
*1783 Femme.
*1784 Lever du chat.
*1785 Créole.

FLORANE, né à Toulouse (Haute-Garonne). — Villa
Brune, 3, Paris.

*1786 Aphrodisies.
*1787 Luxure (Impressions de).
*1788 Le rémouleur et la camarde fardée.
*1789 Toussaint.
*1790 Berthine aux yeux verts.
 1791 Portrait.
*1792 Fleurs et paysage.
*1793 Leurs jeux.

FLORÈS (Ricardo), né à Alençon. — 18, impasse du
Maine.

*1794 Etude de nu.
*1795 La lieutenance (temps gris), Honfleur.
*1796 La lieutenance (soleil), Honfleur.
*1797 Le port de Honfleur (temps gris).
*1798 Le port de Honfleur (soleil).

***1799** Eglise Saint-Léonard, à Honfleur.

***1800** Eglise et marché Sainte-Catherine, à Honfleur (temps gris).

***1801** Eglise et marché Saint-Léonard, à Honfleur (soleil).

FORNEROD (Rodolphe), né à Lausanne (Suisse). — 2, rue Lamark, Paris.

***1802** La femme en vert.

***1803** Portrait de jeune homme (clair-obscur).

***1804** L'homme à la pipe rouge.

***1805** Le cimetière (nocturne), Cadaquès (Espagne).

***1806** Vue sur la mer (Cadaquès).

***1807** Vieilles maisons (Cadaquès).

***1808** Baigneuse (Cadaquès).

***1809** Femme nue.

FOUCHÉ (Paul), né à Paris. — 21, boulevard Saint-Marcel, Paris.

***1810** Cadre de 4 aquarelles (paysages).

***1811** Cour fleurie (aquarelle).

***1812** Laveuse (aquarelle).

***1813** Le Loing à Fontenay (aquarelle).

***1814** Bords de la Cléry (aquarelle).

***1815** Premières gouttes de pluie (huile).

***1816** Borde du Loing (effet de matin) huile.

***1817** Rochers au bord de la Creuse (huile).

FOURNIER (Georges), né à Paris. — 90, rue d'Assas, Paris.

> ***1818** La Meuse à Dordrecht (février).
> **1819** Etudes (appartient à M. P.).
> ***1820** Canal à Dordrecht (février).
> ***1821** Canal à Dordrecht (brume d'hiver).
> ***1822** Clamart (matin de décembre).
> ***1823** Versailles (matin de décembre).
> ***1824** Le Cateau (Nord) décembre.
> **1825** Etude.

FOURNIER (Marcel), né à Chantelle (Allier). — 18, passage de l'Elysée-des-Beaux-Arts, Paris.

> ***1826** Vallée d'Auvergne par la neige.
> ***1827** Lever de soleil aux moissons.
> ***1828** Les laveuses (bords du Cher).
> ***1829** Le givre.
> ***1830** Place Clichy.
> ***1831** Boulevard de Clichy.
> ***1832** Place de Besse en hiver.
> ***1833** Montmartre par la neige.

FOURREAU (Armand-Félix), né à Neuilly-sur-Seine. — 16, rue de Siam, Paris.

> ***1834** Paysage à Mouxy-sur-Aix (aquarelle).
> ***1835** Aurore (lac du Bourget), aquarelle.
> ***1836** Châtaigniers à St-Gingolph (aquarelle).
> ***1837** Matin (lac Léman), aquarelle.
> ***1838** Crépuscule (aquarelle).

FRANCK DE WALQUE (Mlle Gemma), née à Paris.
53, rue Lauriston, Paris.

*1839 Étude de nu.
*1840 Jeune femme couchée.
*1841 Jeune femme à sa toilette.
*1842 Devant le feu.
*1843 Lac Saint-James.
*1844 Paysage.
*1845 Paysage.

FRANCONVILLE (Mme Jeanne), née à Paris. — 25, avenue de la Grande-Armée.

1846 Nature morte (pastel).
1847 Étude de femme.
1848 Le pacage à Verneuil-sur-Seine (appartient à Mme L. L...).
1849 Intérieur vestibule.
1850 Intérieur.
1851 A Beg-Meil (pochades).
1852 Amours, grisaille (trumeau). — Appartient à Mme Guérin).
1853 L'Arc de triomphe.

FREMMING-HEYERDAHL, né à Paris. — 13, rue Ravignan, Paris.

*1854 Une vue sur l'univers.
*1855 La vie d'une planète.
*1856 La vie de la terre.
*1857 a) Mystère.
       b) Mystère.

***1858** *a*) Naissance.
       b) Enfance.
***1859** Jeunesse.
***1860** *a*) Amour.
       b) Famille.
***1861** Trois âges.

FRÉMONT (Mᵐᵉ Suzanne), née à Châtillon-sous-Bagneux. — 42, rue Raynouard, Paris.

***1862** Dans le val (Grandes Dalles).
***1863** Le pâle rayon (Grandes Dalles).
***1864** La croix du cimetière (Ste-Gertrude).
***1865** L'église (Ste-Gertrude).
***1866** Vieille rue (Caudebec-en-Caux).
***1867** Paris sous la neige.
***1868** Intérieur (pastel).
***1869** Intérieur (pastel).

FRÈRE (Samuel), né à Rouen. — 19, rue de Crosne, Rouen.

***1870** Ploumanach (Côtes-du-Nord).
***1871** Grève blanche à Trégastel (C.-du-N.)
***1872** Rentrée de pêcheurs (Côtes-du-Nord.
***1873** Le Minihic (Ile-et-Vilaine).
***1874** Le cap Hornu (St-Valéry sur-Somme).
***1875** Soleil couché (St-Valéry-sur-Somme).
***1876** Allée de parc (St-Valéry-sur-Somme).
***1877** Baie de Somme (St-Valéry-sur-Somme).

FRESNAYE (Adrien), né à Marenla (Pas-de-Calais). —
3, rue Notre-Dame-des-Champs, Paris.

*1878   Paysages.
*1879   Entrée du marais à Marenla.
*1880   Vache au pâturage.
*1881   Vache au pâturage.
*1882   A l'abreuvoir.
*1883   Les Tuileries.
*1884   Cour de ferme.
*1885   Crépuscule.

FRIEDRICH (Mlle), née à Breslau. — Schellingstr. 106
IV, Munich.

*1886   Intérieur breton.
*1887   Etude d'une Bretonne.
*1888   Bretonne tricotant.
*1889   Petite fille de Bell-Ile.
*1890   Paysage de Pouldu.
*1891   Port de Sauzon.
*1892   La barque.
*1893   Tête d'enfant.

FRIESZ (Othon), né au Havre. — 15, place Dauphine,
Paris.

*1894   Le Havre (port, soleil).
*1895   Le Havre (port, temps gris).
*1896   Le Havre (bassin, soleil).
*1897   Honfleur (quai, soleil).
*1898   Les bouées (Honfleur).

*1899 Arbres et maisons au soleil (Normandie).
*1900 Etalage d'antiquaire (nature morte).
*1901 La mort d'Auguste.

FULLER (David-Thomas), né aux Etats-Unis d'Amérique. — 24, rue Pigalle, Paris.

*1902 En Conseil.

GABRIEL (Léon), né à Paris. — 19, rue de Naples, Paris.

*1903 Intérieur.
*1904 Intérieur (nature morte).
*1905 Vue du pont Louis-Philippe.
*1906 Nature morte (les œufs).
*1907 Nature morte (pêches et prunes).
*1908 Nature morte (laitue).
*1909 Nature morte (pommes).
*1910 Nature morte (le grog).

GABRIEL-ROUSSEAU, né à Lyon. — 102, rue de Longchamp, Paris.

*1911 Paris vu des toits du Louvre.
*1912 Le boulevard des Italiens.
*1913 La Seine et le port Henri IV.
*1914 Illuminations au Grand-Palais (Salon de l'Automobile).
*1915 Un coin de la fête de Montmartre.
*1916 Neige, place de la Concorde.
*1917 Soir, place de la Concorde.
*1918 Dunkerque, un coin du port.

GAGARINE (Nicolas), né à Moscou. — 2, Chaussée de la Muette, Paris.

Impressions de Normandie.

*1919   Coucher du soleil.
*1920   Sur la falaise.
*1921   Cabane des douaniers.
*1922   Marée basse.
*1923   Derniers rayons.
*1924   Le champ d'avoine.
*1925   Effet de nuages.
*1926   Les marronniers (panneau décoratif).

GALARD (Mlle Marte), née à Bordeaux. — 13, rue du Val-de-Gràce, Paris.

1927   Portrait de Mlle H.-C., appartient à M. C.
*1928   Eventail et rubans.
*1929   Les souliers jaunes.
*1930   Les tasses.
*1931   Les souliers verts.
*1932   La poupée.
*1933   Femme nue sur le sable.
*1934   Le fauteuil.

GALTIER-BOISSIÈRE (Mme Louise), née à Paris. — 29, rue Vaneau, Paris.

*1935   La liseuse.
*1936   Le buste (intérieur).
*1937   La chambre verte.

1938 Portrait de M. Lenôtre.
1939 Portrait du Dr G. B.
***1940** Pivoines.
1941 Tête d'enfant.

GARCIN (Mlle Rosine), née à Paris. — 7, rue de Sontay, Paris.

1942 L'orage la passé.
***1943** Après la pluie.
***1944** Fin de journée.

GARNOT (André), né à Paris. — 23, rue de Saint Pétersbourg, Paris.

***1945** Lueurs.
***1946** Rive lointaine.
***1947** Solitude.
***1948** Une rue.
***1949** Esplanade.

GATIER (Pierre), né à Toulon. — 55, rue des Abbesses.

***1950** Clou Karnac.
***1951** Kerallan en Karnac.
***1952** Kerlois en Karnac.
***1953** Karnac.
***1954** Costume de Karnac.
***1955** Le beurre.

GAULET (Henry), né à Paris. — 3, avenue de la Tourelle, Saint-Mandé.

    *1956   Meules au soleil couchant.
    1957   Le gué.
    1958   Le chemin du « Froid-Vent ».

GAY (Mlle Berthe), née à Paris. — 6, rue du Val-de-Grâce.

    *1959   Première neige.
    *1960   Au midi.
    *1961   Au midi.

GENTY (Charles), né à Jargeau (Loiret). — 38, rue Saint-Vincent, Paris.

    *1962   Coin d'appartement (pastel).
    *1963   Sous la lampe (pastel).
    1964   Rue du Mont-Cenis (pastel). -- Appartient à M. Guillaumin.
    *1965   Rue Lamarck (peinture).
    *1966   Place Constantin-Pecqueur (peinture).
    1967   Salle à manger (pastel). — Appartient à M. Metman.
    1968   Croquis.

GEORGE (Mlle Dorothée), née à Londres. — 22, boulevard Edgar-Quinet, Paris.

    *1969   Le secret d'un petit clos.
    *1970   Le retour (panneau décoratif).

*1971 Sur le balcon (panneau).
*1972 Dans le bois (panneau).
*1973 Les toits (panneau).
*1974 Dessin pour couverture d'une revue.

GICQUEAU (Auguste), né à Paris. — 41, Grande-Rue, Bourg-la-Reine (Seine).

*1975 Objets porcelaine.
*1976 Livres et plâtre.
*1977 Camaret, aurore.
*1978 Études
*1979 Cuivre et légumes.
*1980 Études de marine.
*1981 Etudes de marine.

GIERCKENS (Félix), né à Paris. — 24, avenue de l'Observatoire, Paris.

*1982 Rochers.
*1983 Au mont Ussy, Fontainebleau.
*1984 Paysage.

GIERSZYNSKA (Mlle Marie-Casimire), née à Ouarville (Eure-et-Loir). — 17, rue Gay-Lussac, Paris.

1985 Meules de paille (étude).
*1986 Jardin (étude).
*1987 Paysage (étude).
*1988 Étude d'après une sculpture du Louvre.
1989 Portrait (étude).

GIL-BAER, né à Strasbourg. — 11 bis, rue de Cluny, Paris.

    *1990   Marée basse.
    *1991   Plage de Berck (le soir).
    *1992   Étude de matelot.
    *1993   Marine.
    *1994   Crépuscule.

GILLES (Eugène), né à Rio-Janeiro (Brésil). — Marlotte (Seine-et-Marne).

    *1995   Saules.
    *1996   Intérieur, à Saint-Cast (Côtes-du-Nord).
    *1997   Moulin, à Saint-Cast (Côtes-du-Nord).
    *1998   Baie, à Saint-Cast (Côtes-du-Nord).
    *1999   Soleil de février (Gorges-aux-Loups).
    *2000   Plateau de la Mare-aux-Fées.
    *2001   Neige, à Marlotte.
    *2002   Porte ancienne, à Villemarechal.

GILLET (Emile-Albert), né à Paris. — 25, rue Campagne-Première, Paris.

    *2003   Nature morte.
    *2004   Pont du Métro en construction.
    *2005   Bords de Marne, à Champigny.
    *2006   Bords de Marne, à Champigny.
    *2007   Allée, à Versailles.
    *2008   Sentier forestier en automne (Jura).
    *2009   Vases irisés.
    *2010   Roses thé.

GILLIARD (Mlle Marguerite), née à Plainpalais. —
10, rue Thimonier, Paris.

*2011   Vieilles tricoteuses en Savoie.
*2012   Savoyarde battant le beurre.
*2013   Chalets bleus et rochers.
*2014   Vieilles maisons sur le Rhône.
*2015   Les filles du Lindaret.
*2016   Chalets rouges et forêt.
*2017   La drague.
*2018   Le pont du Mont-Blanc.

GIRAN (Max), né à Paris. — 48, rue Laffitte, Paris.

*2019   La neige à Auvers.
*2020   Les graviers au Valhermeil.
*2021   La plaine à Auvers.
*2022   Le jardin au printemps.
*2023   Bords de l'Oise à Auvers.
*2024   Paysage à Auvers.
*2025   Paysage à Auvers.

GIRIEUD (Pierre), né à Paris. — 13, rue Paul-Féval,
Paris.

*2026   Vieillard.
*2027   Tête d'homme.
*2028   Tournesols.
*2029   Dahlias.
*2030   Paysage.
*2031   Paysage.
*2032   Paysage.
*2033   Interprétation de vitrail.

GOBILLARD (Paule), née à Quimperlé. — 40, rue de
Villejust, Paris.

2034 Portrait.
***2035** La lecture.
***2036** Le Mesnil (paysage).
***2037** Panier de fleurs.
***2038** Figure au chapeau rouge.
***2039** Pommes.
2040 Enfant (pastel).
2041 Enfant (pastel).

GODEFROY (Gustave), né à Granville (Manche). —
5, rue Raspail, Bois-Colombes (Seine).

***2042** Derniers rayons (peinture).
***2043** La pointe de Bihit, à Trébeurden (pein-
ture).
***2044** Après le combat (aquarelle).
***2045** Brisants (aquarelle).

GOSSELIN (Mlle Louise), née à Paris. — 18, rue
Le Peletier.

***2046** Tête d'enfant.
***2047** Tête d'enfant (pastel).
***2048** Fleurs.
***2049** Fleurs.

GOSSELIN (Mlle Emilie), née à Paris. — 5, rue Daunou.

***2050** La lecture (plaque cuivre).
***2051** Fleurs (plaque cuivre).

*2052 Abat-jour (cuivre).
*2053 Plaque de propreté (cuivre).
*2054 Porte-cigarettes (cuivre).
*2055 Etude de nu (porte-cartes cuivre).
*2056 Femmes nues (porte-cartes étain).
*2057 Fleurs (porte-cartes étain).

GOUMOIS (William de), né à Bâle (Suisse). — Aeschen-vorstadt, 37, Bâle (Suisse).

*2058 Temps de siroco (sur la Méditerranée).

GOURCUFF (G.-H.-J. de), né à Nantes. — 52 *bis*, boulevard Saint-Jacques, Paris.

*2059 Vue de Cassis.
*2060 Vue de Cassis.
*2061 Vue de Cassis.
*2062 Eglise d'Aubagne.
*2063 Vue de Cassis.
*2064 Vue de Cassis.
*2065 Vue de Cassis.

GRANDJEAN (Henri-Etienne), né à Paris. — 93, rue de Turenne, Paris.

*2066 Matin d'automne.
*2067 Lever du jour.
*2068 Temps de pluie.
*2069 L'hiver.
*2070 Le canal de Joinville.
*2071 Jour de printemps.

***2072** Le soir.
***2073** L'orage.

GRANGE (François), né à Aiguebelle (Savoie). — Randens (Savoie).

***2074** Les boules de neige.
***2075** Le thé (nature morte).
***2076** Coin de table (nature morte).
***2077** Le petit bosquet.
***2078** Les roches noires.
***2079** Vallée d'Avérolle.
***2080** Au lever du soleil (Arrèches).

GRASS-MICK (Augustin-Georges), né à Paris. — 65, rue Lepic, Paris.

2081 Intérieur (cabinet de travail), appartient à M. Georges Ancey.
***2082** Intérieur (coin d'atelier).
***2083** Intérieur (coin du repos).
***2084** Intérieur (la lecture).
2085 Intérieur (cabinet de travail), appartient à M. Félix Marchand.
2086 Ma femme (portrait).
***2087** La baignade (à Mantes).
***2088** L'île de Dennemont (Mantes).

GREGORIAN (Jean). — 152, rue de Vaugirard, Paris.

***2089** La cigale et la fourmi.
***2090** Le vieux moulin d'Arcueil.

*2091   Bouquet de fleurs.
*2092   Raisin et piments.
*2093   Grappe de raisin.
*2094   La Marne à Charenton.
*2095   Le bassin du Luxembourg.
*2096   La terrasse.

GREUILLET (Mme Marie), née à Paris. — 47, rue Blomet, Paris.

*2097   La place du Carrousel en 1905.
*2098   Une entrée de la salle Henri II, au Louvre.
*2099   Une avenue au 47 rue Blomet.
*2100   Chose vue.
*2101   Jeune garçon lisant.
*2102   Un vieil escalier.
*2103   Un vieil escalier.
*2104   L'Institut (étude).

GRILLON (Roger-Maurice), né à Poitiers (Vienne). — 7, rue Daguerre, Paris.

*2105   La neige place Denfert.
*2106   Coin de table.
*2107   Lever de lune sur les glacis (La Rochelle
*2108   Nature morte.
*2109   Petite Rousse.
*2110   Le thé.
*2111   La Seine à Bagatelle (un soir).
*2112   Des fleurs et bibelots.

GRIMARD (Max), né à Paris. — 8, rue de la Pompe, Paris.

    *2113   Les pantoufles.
    *2114   La baignoire.
    *2115   Le petit banc.
    *2116   La cuvette.
    *2117   Le cahier.

GROS (Lucien), né à Pau. — Tarbes (Hautes-Pyrénées).

    *2118   Route de Gavarnie (Htes-Pyrénées).
    *2119   Pic du Midi d'Osseau (Basses-Pyrénées).
    *2120   Environs de Cauterets (Htes-Pyrénées).
    *2121   Environs de Luchon (Hte-Garonne).
    *2122   Pic du Midi de Bigorre (Htes-Pyrénées).

GRUN (Maurice), né à Revel (Russie). — 33 bis, boulevard de Clichy, chez MM. Revel et Coccoz.

    *2123   Intérieur breton.
    *2124   Causerie (Bretagne).
    *2125   Une rue de Concarneau.
    *2126   Le quai à Concarneau.
    *2127   Le marché à Concarneau.
    *2128   Vieille rue à Concarneau.

GSELL (Henry), né à Saint-Gall (Suisse). — 5 bis, avenue Frochot.

    2129   Soir d'été.
    2130   Etude de nu.

2131 Etude de tète.
2132 Etude de tète, effet de lampe.
2133 Etude d'ensemble, effet de lampe.
2134 Pochade de portrait.
2135 Pochade de tète renversée.
2136 Portrait de jeune femme.

GUARRO (Vilarneau), né à Barcelone. — 10, rue Jean-de-Beauvais.

***2137** Printemps
***2138** Jardin.
 2139 Etude
***2140** Soleil de printemps.
***2141** Crépuscule.
***2142** Soleil d'automne.
***2143** La boulangère (dessin).
***2144** Dessin.

GUÉRIN (Charles), né à Sens (Yonne). — 14, rue Boissonade.

***2145** Le miroir.
***2146** Paysage.
***2147** Le corset rose.
***2148** Conversation.
***2149** Etude.
***2150** Au jardin.
***2151** Scène du théâtre classique.

GUIBAL-ROLAND, né à Ganges (Hérault). — 104, boulevard de Clichy, Paris.

- *2152 Effet de lampe (chagrins).
- *2153 Rue méridionale.
- *2154 La poseuse.
- *2155 Vieille maison.
- *2156 La diligence.
- *2157 Gorge de la grotte des fées.
- *2158 Reflet de montagne au soleil couchant.
- *2159 Les derniers rayons.

GUIDO (Alfred-R.), né à Turin (Italie).—74, rue Bonaparte, Paris.

- *2160 Carrière à Champigny (aquarelle).
- *2161 La Marne à Bry (aquarelle).
- *2162 La Marne à Bry (aquarelle).
- *2163 Nature morte (panier).
- *2164 Nature morte (dessert).
- *2165 Villas à Bry.
- *2166 Le Luxembourg.
- *2166 bis Le Luxembourg.

GUIET (Jean), né à Paris.— 10, rue Auguste-Bartholdi, Paris.

Bruges-la-Morte.

- *2167 Brouillard du soir.
- *2168 Nocturne.
- *2169 La petite chapelle au crépuscule.
- *2170 Béguine.
- *2171 Le béguinage.

*2172 Retour au béguinage.
*2173 Au béguinage.
*2174 Calme du soir.

GUILLET (François-Pierre), né à Bolbec (Seine-Inférieure). — 36, rue Saint-Sulpice, Paris.

2175 Etude (marine).
2176 Un grain (marine).
2177 Crépuscule (marine).
2178 Etude (aquarelle).
2179 Etude (aquarelle).
2180 Vieille maison à Lisieux.
2181 Printemps (aquarelle).

GUITARD (Marie-Antoinette), née à Marseille. — 59, avenue de Labourdonnais, Paris.

*2182 Quatre aquarelles (vues de Venise).
*2183 Quatre aquarelles (vues des Pays-Bas).
*2184 Deux aquarelles (Anémones et Oranges).
*2185 Trois études huile (Montreuil-Pins-Venise).
*2186 Coin de golfe à Saint-Tropez.
*2187 Un poste de douaniers.
*2188 Coucher de soleil.
*2189 Trois paysages (huile).

GUYDO, né au Teilleul (Manche). — 11, quai aux Fleurs, Paris.

*2190 Les couturières à la ferme (Morbihan), pastel.
*2191 Marie Vincente au lavoir de Bequerel (Morbihan), pastel.

*2192 Bretonnes des environs d'Auray au par-
don (pastel).

*2193 Soir d'automne rivière d'Auray (pastel).

*2194 Le groupe sympathique!!! Souvenir de
Bretagne.

*2195 Les moulins d'Yvonnette (diptyque),
pastel.

*2196 Rêverie (pastel).

*2197 L'heure du bain (pastel).

GWOZDECKI (Gustave-Jules de), né à Varsovie (Pologne). — 52, avenue du Maine, Paris.

*2198 Ange du Travail (le Semeur) (peinture).

*2199 Une pensée (sculpture).

*2200 Une pensée (sculpture).

*2201 Portrait (sculpture).

*2202 Portrait (sculpture).

*2203 Impression (sculpture).

*2204 Impression (sculpture).

*2205 Tête penchée (sculpture).

GYANINY (Georges), né à Paris. — 174, faubourg
Saint-Denis, Paris.

*2206 La Marnière (été).

*2207 La Marnière (automne).

*2208 Un chemin dans les Ardennes.

*2209 Les meules.

*2210 Marché breton.

*2211 Le ruisseau.

*2212 Effet de matin en Bretagne.

*2213 Les meules de blé le matin.

HAGEN (comtesse Aga vom), née en Allemagne. —
2, rue de Grancey, Paris.

2214 Portrait de la baronne V. d. S...
2215 Portrait de Mme Gauffrès.
***2216** Nature morte (roses).
***2217** Nature morte (giroflées).

HALOU (Alfred-Jean), né à Blois (Loir-et-Cher). ···
15, rue Jacquemont, Paris.

***2218** Vitrine contenant des terres cuites origi-
nales :
a) Masque de femme (Savoie) (1re épr.).
b) Masque de jeune faune (1re épreuve).
c) Ariane abandonnée (statuette terre
cuite originale).
d) L'Abnégation (statuette terre cuite
originale).
e) Femme sortant du bain (statuette
terre cuite originale).
f) Vénus accroupie (esquisse originale).
g) Bacchante (esquisse originale).
h) Bacchante (esquisse originale).
i) Entrée de boîte à lettres (étain argenté).
j) Crapaud dormant (sonnette électrique)
(grès de A. Bigot).
k) Grenouille et salamandre (bougeoir-
(grès de A. Bigot).
***2219** Tête de vieux philosophe (terre cuite),
(2e épreuve).
***2220** Repos et lecture intéressante (terre cuite
originale).
***2221** Cadre de six croquis de femmes.
***2222** Vitrine contenant 12 vases grès flammés

HANRIOT (Jules-Armand), né à Arpajon (Seine-et-
Oise). — 16, rue Choron, Paris.

*2223 Pudeur.
*2224 Nymphe endormie.
*2226 Eve moderne.
*2227 Crépuscule du soir.
*2228 Nymphe au bain.
*2229 Bacchante (camaïeu).
*2230 Sous les pins.

HARRISON (Bernard), né à Londres. — 80, rue
d'Assas, Paris.

*2231 Roses.
*2232 Canal à Venise.
*2233 Vue de Sienne.

HAST (Jacques), né à Berdiansk (Russie). — 7, rue
Belloni, Paris.

*2234 Une inconnue.
*2235 Portrait de femme.
*2236 Pleine lune.
*2237 Lune du matin au village.
*2238 Effet de lune) appartient au Dr P...,
    (droits réservés).
*2239 Eaux-fortes en couleurs (réunies).
*2240 Vernis mous et eaux-fortes (réunis).

HAUGE (Mᵐᵉ Marie), née en Norvège. — 27, rue de
Fleurus, Paris.

*2241   De la montagne de Norvège.
*2242   De la montagne de Norvège.
*2243   Paysage de la Norvège.
*2244   Étude de paysage.
*2245   Vieille maison dans la montagne.
*2245 *bis*,   Étude.

HAWEIS (Stephen), né à Londres. — 6, rue Huygens,
Paris.

*2246   20 Croquis (Bretagne).
*2247   Croquis.
*2248   Croquis.
*2249   Dessins noirs.
*2250   Dessins rouges.
*2251   Trois dessins :
         a) Un marchand.
         b) Une danseuse.
         c) Un philosophe).
*2252   Trois dessins :
         a) La vie de femme.
         b) Cupidon et Campaspe.
         c) La fille et les livres.
*2253   La femme malicieuse.

HAZLEDINE (Alfred), né à Mold (Angleterre). —
224, rue Verte, Bruxelles (Belgique).

- *2254 Les dentellières.
- *2255 Les cygnes (Bruges).
- *2256 Quai tranquille (Bruges).
- *2257 L'hiver.
- *2258 Le moulin aux remparts.
- *2259 En Campine.
- *2260 Intérieur rustique (dessin).
- *2261 Intérieur rustique (dessin).

HEISKELL (Morgan-Ott), né en Amérique. — Chez
M. Paul Foinet, 21, rue Bréa, Paris.

- *2262 Au Bois de Boulogne.
- *2263 Joya.
- *2264 Stabur.
- *2265 Étude.
- *2266 Place de la Concorde.

HELIS (Henri). — 30, rue Vernier.

- *2267 Romorantin. Le pont.
- *2268 Étang de Sologne.
- *2269 L'Escaut, temps gris.
- *2270 Bruges. Le lac d'Amour.
- *2271 Chêne et dindons.
- *2272 La route.
- *2273 Hameau de la Richaudière.
- *2274 Soleil baissant sur l'étang de Bâtarde

HENAULT (Jules), né à Valence-en-Brie (S.-et-Marne).
— 38, rue Rochechouart.

*2275   L'Eure à Cailly.
*2276   Coin de Paris vu des Buttes Chaumont.
*2277   Le barrage de la Sarthe à Alençon.
*2278   Intérieur de paysans (Normandie).
*2279   Bords de la Sarthe.
*2280   La Sarthe à Alençon (panneau bois).
*2281   Soir d'automne (panneau bois).

HENNEQUIN (Mme Marceline), née à Genève. — Rue
Duguay-Trouin, 3, Paris.

2282   Portrait de Mme H. B. (pastel).
2283   Portrait de Mme E. B. (pastel).
*2284   Tête d'étude (pastel).
*2285   Jeune convalescente (pastel).
2286   Portrait de Mme D. B. (sanguine).
2287   Portrait de Mlle Lola B. (sanguine).
*2288   Paysage (pastel).

HENRI-MATISSE, né au Cateau (Nord). — 19, quai
Saint-Michel, Paris.

*2289   Le bonheur de vivre.

HENROTTE (Albert), né à Liège. — 2, passage de
Dantzig, Paris.

*2290   Portrait de l'auteur.
*2291   Lever de lune (environs de Liège).
*2292   Esquisse, d'après l'auteur.

***2293** Déjeuner de Rapin (nature morte).
***2294** La sieste.
***2295** Soleil sur le pont St-Michel.
***2296** Le petit bras du Pont-Neuf.
***2297** Le pont St-Michel au soleil.

HEPP (Pierre), né à Versailles. — 5o, rue Duplessis.

***2298** Paysage breton.
***2299** Nature morte.
***2300** Nature morte.
2301 Verger en Bretagne.

HERBIN (Auguste), né au Cateau. — 7, rue du Regard, Paris.

2302 Soleil d'hiver, à Haute-Isle (appartenant à M. Leduc).
***2303** Soleil d'hiver, à Haute-Isle.
***2304** Après la pluie, à La Roche-Guyon.
***2305** La côte des bois, à La Roche-Guyon.
***2306** La côte des bois, à La Roche-Guyon.
***2307** Soleil couchant.
***2308** La Seine, à Haute-Isle.
***2309** La neige, à Haute-Isle.

HERCO (Mlle Juliette), née à Paris. — 112, boulevard Malesherbes.

2310 Tournant du Rhône.
2311 La place de Leynes.
2312 Etude.

2313 Etude.
2314 Etude.
2315 Etude.
2316 Étude.
2317 Étude.

HÉRIOT (Justin), né à Essoyes (Aube). — 187, avenue de Versailles, Paris.

*2318 Vallée de la Bièvre, à Vauboyen (soir).
*2319 Le haut pays, à Igny (soir).
*2320 Le pont de l'Ource, à Essoyes.
*2321 L'île Séguin (matin brumeux).
*2322 Le petit bras de la Seine, à Issy.
*2323 La Cavée blanche, à Ault.
*2324 Quatre études (bois de Boulogne et Saint-Cloud).
*2325 Quatre études (environs de Paris).

HERMANN-PAUL, né à Paris. — 73, rue des Vignes, Paris.

*2326 Liseuse.
*2327 Etude.
2328 Portrait de Mme T. C.
2329 Portrait de Mme P. C.
2330 Portrait de M. E. D.
2331 Irène.
*2332 Sidonie au bonnet rose.
*2333 Sidonie au bonnet bleu.

HERRMANN-CURT, né à Merseburg. — Berlin W. Kaiserin Augustastrasse, 69.

2334 Osters lilas et rouges (nature morte).
***2335** Pommes (nature morte).
***2336** Nature morte.
***2337** Renoncules jaunes (nature morte).

HERVÉ (Julien), né à La Basse-Indre (Seine-Inférieure). — 9, rue Blainville, Paris.

***2338** La Chouette et le Maître d'Ecole « Ton couteau! ton couteau! fourline... » *Mystères de Paris*, Eugène Süe (expressionnisme).
***2339** Buveur d'eau (expressionnisme).
***2340** Le choc en retour (expressionnisme).
***2341** Clair de lune (marine).
***2342** Pluie (marine).
***2343** Coucher de soleil (marine).
***2344** Paysage.
***2345** Marine.

HERVIEU (Louise-Jeanne-Aimée), née à Alençon. — 26, avenue Reille, Paris.

***2346** Giovanni Bernadone, saint François d'Assises, entouré de ses moines, prêche le renoncement.
***2347** A Jersey, la fête des fleurs.
***2348** Religieuses et enfants dans un jardin.
***2349** Les logettes au fond du jardin.

***2350** Etude de paysage à Paris.
***2351** Mme Chascelle (dessin).
***2352** Dessins :
  a) Ménagère.
  b) Euphrosine.
  c) Le retour sur soi.
***2353** Dessins :
  a) Etude appartenant à M^r L.
  b) Mme Coste.
  c) Femme lasse dormant.
  d) Etude appartenant à M^r L.

HEYERDAHL (Hans), né en Norvège. — 13, rue Ravignan, Paris.

***2354** Paysage de Montmartre (effet de nuit).
***2355** Paysage de Montmartre (soirée dorée).
***2356** Rue à Montmartre (Villa Berlioz).
***2357** Rue Saint-Vincent.
***2358** Marine (Vendée).
***2359** Le moulin à vent (Vendée).
***2360** Cour d'un château en Vendée (soir).
***2361** Cour d'un château en Vendée.

HILDEBRAND (Mlle Bertha), née à Graz (Autriche). — 82, boulevard Montparnasse, Paris.

***2362** Poissons.
***2363** Portrait de femme.
***2364** Roses.

HOCQUARD (Émile), né à Nancy. — 14, avenue du Château, Maisons-Laffite (Seine-et-Oise).

*2365 La route à Beg-Meil.
*2366 Paysage breton (le matin).
*2367 Route en forèt de Compiègne.

BERNHARD-HŒTGER, né en Allemagne. — 108, rue de Vaugirard, Paris.

Vitrine contenant :
*2368 Jeune femme.
*2369 Petite Bretonne (bronze).
*2370 Cultivateur (bronze).
2371 Deux dessins.

HOMOLACS (Charles), né à Cracovie. — 37, rue Denfert-Rochereau, Paris.

2372 Déesse de l'accouplement.
2373 Chant du soir.
2374 La soif.
2375 Le mâle.
2376 La honte.
2377 Beatrix.
2378 Portrait.

HORTON (William), né aux Etats-Unis. — 64, rue de La Rochefoucauld, Paris.

*2379 Paons et neige.
*2380 Jour d'hiver à New-York.

 *2381 Vers les neiges (paysage).
 *2382 Marché des porcs (Bayonne).
 *2383 Printemps (jour gris).
 *2384 Printemps (chemin mouillé).
  2385 Petit cirque de campagne (appartient à
        M. de E.)

**HOSCHEDI (Mme Blanche), née à Paris. — 239, rue du
Renard, Rouen.**

 *2386 Canteleu.
 *2387 Rouen, vue de la vieille côte.
 *2388 Les pins.
 *2389 La prairie de Limetz.

HOUGHTON (Mme Marguerite). — 6, rue Dareau.

 *2390 L'enfant de l'ombre.
 *2391 La prière.
 *2392 La chercheuse.
 *2393 Au verger.
 *2394 Etude d'enfants jouant.
 *2395 Etude d'enfants jouant.
 *2396 Etude d'enfants jouant.

**HOURTAL (Henri), né à Carcassonne. — 13, rue Le-
verrier.**

 *2398 La terrasse.
 *2399 Luxembourg (jardin).
 *2400 Groupe de ménagères.

*2401   Rue au soleil (fleurs).
*2402   Le marchand de ballons.
*2403   Marché. Coin de jardin.
*2404   Etalage.
*2405   Rayon de soldes.

HUBERT-SAUZEAU (J.-G.), né à Prahecq (Deux-
Sèvres. — 95, rue Denfert-Rochereau, Paris.

*2406   Confidence.
*2407   La paresseuse.
*2408   Lauriers roses.
*2409   Inès et Juana.
*2410   Premier miroir.
 2411   Etude.
*2412   Coin de jardin.
*2413   Carrière abandonnée.

HUGONNET (Aloys), né à Morges. — 19, rue Jean-
Jacques-Rousseau, Paris.

*2414   Le Recul.
*2415   Confidences.
 2416   Le Grand Trianon.
*2417   Pavillon français (midi).
*2418   Pavillon français (soir).
*2419   Le bassin du roi.
*2420   L'arche de Noël.
*2421   Le bassin du Luxembourg.

HURST (Mlle M.-D.), née en Angleterre. — 7, rue
Léopold-Robert, Paris.

*2422   L'étudiant (peinture à l'huile).
*2423   Clair de lune (aquarelle).
*2424   Clair de lune (aquarelle).
*2425   Soleil couchant (printemps) (aquarelle).
*2426   Le ruisseau (aquarelle).

IGOUNET DE VILLERS (Charles-André), né à Paris.
— 27, rue Bonaparte, Paris.

*2427   Le Pont-Neuf et la neige au quai des
         Grands-Augustins.
*2428   Les travaux du Métro sur la Seine au
         Pont-au-Change.
*2429   Le Pont-Neuf vu des maisons du quai
         Conti.
*2430   L'automne à Clamart.
*2431   Le Pont-Royal à travers branches.
*2432   La rue du Mont-Cenis (vieux Mont-
         martre).
*2433   Couchant sur la Seine vu des côteaux
         de Sèvres.

JACOB (Alexandre). — 22, Grande-Rue, à Asnières
(Seine).

*2434   Gelée blanche (pont de Villeneux) (Seine-
         et-Marne).
*2435   Près du moulin (octobre).
*2436   Le Rocmont (temps gris).
*2437   Bateaux de bois sous la neige.

*2438   Soir d'hiver (pont de Neuilly).
*2439   Dégel (près de Suresnes).
*2440   Matinée d'hiver (Levallois).
*2441   Argenteuil.

JACOB (Mlle Marthe-Marie-Clémence), née à Sermizel-
les (Yonne). — Chez Mme Girard-Jacob, à Cussy-les-
Forges (Yonne).

*2442   Iris.
*2443   Chrysanthèmes.
*2444   Roses.
*2445   Mer basse (varechs).
*2446   Mer basse (roches).

JACQUE (Frédéric), né à Paris. — 90, rue Lepic, Paris.

*2447   Les Pêcheurs.
*2448   Croquis (dessins).
*2449   La rue Saint-Vincent (étude).
*2450   Mare (à Chessy).
*2451   La mare aux pigeons (étude).
*2452   Prairie (à Chalifert).
*2453   Le vieux moulin (étude).
*2454   Vaches à l'abreuvoir.

JALLIET (Mme Anny-Denise), née à Paris. — 45, rue
du Ranelagh (Hameau Boulainvilliers), Paris.

*2455   Vitrine contenant :
        Un vase (plâtre patiné).
        Un cendrier (cire perdue).
        Une esquisse (portrait).

JAMOT (Paul), né à Paris. — 11 *bis*, avenue de Ségur, Paris.

*2456   Villa Serbelloni (Bellagio).
*2457   Villa Serbelloni (Bellagio).
*2458   Lac de Genève (Ouchy).
*2459   Allée de Cyprès (Bellagio).
*2460   Villa Serbelloni (Bellagio).
*2461   Ouchy (lac de Genève), les barques.
*2462   Jardin à Ouchy.
*2463   Le port d'Ouchy.

JANSSAUD (Mathurin), né à Manosque (Basses-Alpes). 33, rue de Grenelle, Paris.

*2464   Le passage (Concarneau), pastel.
*2465   Sur la Rouze (Concarneau), pastel
*2466   Les rives de Pouillac (Concarneau).
*2467   Port nord. Lever de lune (Concarneau).
*2468   Groupes de Thoniers dans l'avant-port (Concarneau).
*2469   Les voiles rouges (Concarneau).
*2470   Le petit port à haute mer (Concarneau).
*2471   Sur les quais (Concarneau).

JAT-BELLE-ISLE (Paul), né à La Chapelle-Vendômoise (Loir-et-Cher). — 148, rue de Grenelle, Paris.

*2472   Arc de triomphe du Carrousel.
*2473   Berges de la Seine au Pont-Royal.
*2474   Le Pont-Neuf.
*2475   Montigny-sur-Loing.
*2476   Les bords du Loing à Montigny.
*2477   Chaumières de Picardie.

JAUDIN (Henri), né à Paris. — 35, rue des Arts, à
Levallois (Seine).

*2478   Saint-Claude (Jura).
*2479   Voiteur (Jura).
*2480   La Seille à Voiteur (Jura).
*2481   Environs de Saint-Claude (Jura).
*2482   Le pont d'Avignon à St-Claude (Jura).
*2483   Barques de pêche à Concarneau.
*2484   Saint-Flour (Cantal).

JEANNIOT (Henriette), née à Paris. — 107, rue de la
Pompe, Paris.

*2485   La proie.
*2486   La mère Pendecœur.
*2487   Le Fayel.

JELKA-ROSEN, né à Belgrade (Serbie). — Grez-sur-
Loing (S.-et-M.).

*2488   Tête de femme.
*2489   Jardin en septembre.
*2490   Effet de soir.
*2491   Jardin en mai.

JELMONI (Charles), né à Viterbo, près Rome. —
9, rue de Cormeilles, à Levallois-Perret (Seine).

Une vitrine contenant :
*2493   Buste en bronze (repos).
*2494   Buste Louis XVI (marbre).

*2495 Un voyage pas agréable (terre cuite, pièce
unique).
*2496 Impression de neige (rue de Cormeilles,
Levallois) peinture.
*2497 Impression de neige (passage Marly) pein-
ture.
*2498 Venise (place St Marc et grand canal),
peinture.
*2499 Automne à Versailles (la maison du Sei-
gneur) peinture.

JOLLY (André), né à Charleville (Ardennes). — 90, rue
Lepic, Paris

*2500 La chapelle.
*2501 Côte au soleil.
*2502 Débit de cidre (pardon breton).
*2503 Coin de table (noce bretonne).
*2504 La ville dans le matin.
2505 La falaise.
*2506 Neige à Montmartre.
*2507 Nature morte.

JONG (Betty de), née à Paris. — 30, rue Mogador,
Paris.

*2508 Intérieur.
*2509 Tête de vieille femme (face).
*2510 Fleurs.
*2511 Tête de vieille femme (profil).
*2512 Vieille fileuse et enfants.

JOSEPH (Mlle A.-E.-H.), née à Aymer (Indes). —
39, impasse Garnier, Paris.

*2513   Les bohémiens.
*2514   Le repos.
*2515   Étude d'enfant.
*2516   Tète d'enfant.
*2517   Portrait.
*2518   La poupée.
*2519   Coucher de soleil.
*2520   La blanchisseuse.

JOSEPH (Albert), né à Paris. — 19, quai Saint-Michel,
Paris.

*2521   Bords de canal (temps pluvieux d'hiver).
*2522   Paysage d'automne.
*2523   Gelée blanche.
*2524   Brouillard d'hiver.
*2525   Matinée d'automne.
*2526   Fin d'automne.
*2527   Neige au soleil.
*2528   Soleil d'automne.

JOUBERT (Henri-André), né à Paris. — 9, rue Fontaine-au-Roi, Paris.

*2529   Rue Fromagère à Linas (soirée juillet).
*2530   Jouy-le-Moutier (matinée août).
 2531   4 pochades.
 2532   Bourron (cartouche bas-relief). — Appar-
        tient à M. E. Hanniquet (sculpture).

***2533** *a*) Chandelier vieil argent (sculpture).
  b) Chandelier bronze (sculpture).
  c) Théière (modèle pour grès), sculpture.

JOURDAIN (Maurice). — 13o, boulevard de Strasbourg, à Boulogne-sur-Seine.

2534 Rochers aux environs des Sables-d'Olonne.
2535 Rochers aux environs des Sables-d'Olonne.
2536 La Rudelière (environs des Sables-d'Olonne).

JOURDAIN-LEMOINE (André), né à Paris. — 16, rue d'Alembert, Paris.

***2537** Femme retirant ses gants.
2538 Portrait de Mme L...
***2539** Coin de chambre.
***2540** Intérieur.
***2540** *bis* Nature morte.
***2540** *ter* La porte de l'atelier (soleil).
***2540** *quater* La porte de l'atelier (temps gris).

JOURDAN (Jacques), né à Paris. — 147, avenue de Villiers, Paris.

***2541** La Seine à Nanterre (étude).
***2542** Villerville (Calvados).
***2543** Saint-Denis (étude).

*2544   Etude de femme à la lumière.
*2545   Champlitte, la rivière (Haute Saône).
*2546   Le marché de Lagny (Marne), étude.
*2547   Champlitte (étude).
*2548   Etude (porte Champerret).

JOUSSET (Frédéric), né à Bures(S.-et-O.). — 5, rue de Bagneux, Paris.

2549   Avila (cathédrale).
*2550   La route de Palma.
*2551   Ile Majorque (étude de mer).
*2552   Carolles (étude).
*2553   Ile de Bréhat.
*2554   Coëtquidon.
*2555   Carolles.
*2556   Lourdes.

JOZSA (Charles), né à Szeged (Hongrie). — 29, rue Boulard, Paris.

*2557   L'avidité.
*2558   Panneau (l'hypocrite, l'ivresse, la vengeance).
*2559   La sensualité.
*2560   Portrait de l'auteur.
*2561   Nu d'enfant.
*2562   La mattchiche.
*2563   Femme nue (gravure à l'eau-forte).

JUNGBLUTH (Alfred-Louis), né à Trementines (Maine-
et-Loire). — 62, boulevard de Clichy, Paris.

*2564   Mlle Mado Menty (danseuse), cire dure.
*2565   Les épaules (silhouette de parisienne),
        terre cuite).

JUNGERS (Théodore). — 28, place des Vosges, Paris.

2566   Chèvres à l'étable.
2567   Bouledogues français.
2568   Paysage (matin).
2569   Paysage.
2570   Paysage (carrière).

JUSTE (René), né à Paris. — Marlotte (Seine-et-Marne).

*2571   Le point de vue de Bourron en novembre.
*2572   Gelée blanche d'automne.
*2573   Dégel.
*2574   Le moulin de Glandelles (fin d'hiver).
*2575   Lever de soleil sur la Cléry.
*2576   Un vieux coin de Marlotte (neige).
*2577   En lisière des bois, à Marlotte.
*2578   Brouillard au Moulin-du-Roy.

SUPPLÉMENT

ADAM (Louis), né à Paris. — 46, avenue Parmentier.

- ***5230** Un coin du Pont-Marie.
- ***5231** Les quais.
- ***5232** Maisons bretonnes (Morbihan).
- ***5233** Laveuses, Damgan (Morbihan).
- ***5234** Laveuses, Muzillac (Morbihan).
- ***5235** Village breton (Morbihan).
- ***5236** Fileuse, Muzillac (Morbihan).

ANTIGNA (Marc), né à Paris. — 65, rue de Tocqueville, et à Montigny-sur-Loing (Seine-et-Marne).

- ***5237** Novice.
- ***5238** Soirée d'été.
- ***5239** En été.
- ***5240** Madeleine.
- ***5241** Sourire.
- ***5242** La petite marchande de légumes.
- ***5243** Solange.
- ***5244** Tentation.

BARBILLION (Lucien), né à Senlis (Oise). — 24, avenue de l'Observatoire, Paris.

- **5245** La porte Chapelle (Compiègne).
- **5246** Etude (Bernières-sur-Mer).
- **5247** Etude (Bernières-sur-Mer).
- **5248** Etude (Bernières-sur-Mer).

BOURDIER (Raoul), né à Ingrandes (Maine-et-Loire).
— Saint-Yrieix (Haute-Vienne). Paris, 2, rue Jacob.

 *5249 La robe bleue.
 *5250 Intérieur d'église.
 *5251 Moulin sur la Gartempe.
 *5252 Moulin sur la Sem.
 *5253 Le moulin.
 *5254 Etude d'arbres.
 *5255 Chrysanthèmes.
 *5256 Eau transparente.

BOURGOUIN (Eugène), né à Reims. — 195, rue de
Vaugirard, Paris.

 *5257 Buste bronze.
 *5258 Masque bronze.

BOYD (Elizabeth-Frances), née en Ecosse. — 6, rue
Schœlcher, Paris.

 ·5259 Hiver en Ecosse.
 ·5260 Pensées.
 ·5261 Géraniums.
 ·5262 Effet d'orage.
 ·5263 Le moulin blanc.
 ·5264 Cloîtres à Venise.
 ·5265 Les choux bleus.
 ·5266 Une vieille église.

Van BULLOW, né en Allemagne. — 125, boulevard du Montparnasse, Paris.

5267 N° 1.
5268 N° 2.
5269 N° 3.
5270 N° 4.
5271 N° 5.
5272 N° 6.
5273 N° 7.
5274 N° 8.

CAMOIN (Charles), né à Marseille. — 28, place Dauphine, Paris.

5275 En japonaise.
5276 Portrait.
5277 Une violoniste.
5278 Amandiers en fleurs (Ajaccio).
5279 Le golfe d'Ajaccio.
5280 Le port d'Ajaccio.
5281 La rue Napoléon (Ajaccio).
5282 La place des Palmiers (Ajaccio).

CAMOIN (Louis), né à Marseille. — 101, rue Saint-Dominique.

5283 Buste (terre cuite).
5284 Lampe électrique (esquisse plâtre).
5285 Étude de femme.

CARTAYRADE (Jules), né à Montpellier. — 22, rue Vaneau, Paris.

    5286 Portrait.
    5287 Portrait.
    5288 Vieille grange normande.

CIROU (Paul). — Chez Paul Foinet fils, 21, rue Bréa, Paris.

    5289 La tasse de lait.
    5290 La triolette (vachère) Cotentin.
    5291 Idylle normande.

DARBOUR (Margaret-Mary), née à Florence. — Villa Carolina, chemin de Vallauris, Cannes (Alpes-Maritimes).

    ***5292** Femme au châle.
    ***5293** Femme au géranium.
    ***5294** Femme au kimono.
    ***5295** Femme à l'anémone.
    ***5296** Femme à la guitare.
    ***5297** Femme au piano.

DESGENÉTAIS (Mme Marie), née à Versailles (Seine-et-Oise). — 166, avenue Victor-Hugo, Paris (16e).

    ***5298** Vieille Bretonne.
    ***5299** La bonne-femme.
    5300 Portrait de Mariette.
    5301 Portrait de Mlle M. M.
    5302 Portrait de Mlle S. B.
    ***5303** Croquis.

DESVALLIÈRES (George), né à Paris. -- 14, rue Saint-Marc, Paris.

*5304   Le sacré cœur de N. S. J. C.

DEVARENNE (Anatole), né à Andeville. — Andeville (Oise).

*5305   Nature morte (pastel).
*5306   Harengs saurs (peintre).
*5307   L'homme à la pipe (dessin).
*5308   Etude de femme (dessin).
*5309   Croquis d'intérieur (dessin).
*5310   La moisson (dessin).

DEVILLE (Jean), né à Lyon. — 161, boulevard Montparnasse, Paris.

*5311   Les paons.
*5312   Le balcon.
*5313   Sur la terrasse du Luxembourg.
*5314   Paysage.
*5315   Vase de fleurs.
*5316   Bordure de fleurs.
*5317   Paysage.

DIEUSET (Noël). — 42, avenue du Casino, Màlo-les-Bains.

*5318   Nature morte.
*5319   Rue ensoleillée (Fontenay-aux-Roses).
*5320   Effet du matin (Dunkerque).
*5321   Etude à la lampe.

DUCROT (Victor), à Lyon. — Villa Blandine, Juan-les-Pins (Alpes-Maritimes).

*5322 Les blés.
*5323 L'escadre de la Méditerranée.
*5324 Soirée au cap d'Antibes.
*5325 Bords de la Creuse (le matin).
*5326 Bords de la Creuse (le soir).
*5327 L'orage.
*5328 Pins maritimes.
*5329 Lever de lune.

DUFRENOY (Georges), né à Thiais. — 21, quai Bourbon, Paris.

*5330 Nature morte.
*5331 Quai de Paris.
*5332 Un vieux.
 5333 Le pauvre homme (dessin).
*5334 Enfants.
*5335 Lyon de la Croix-Rousse.
*5336 Petit paysage siennois.

FOURNIÈRE (De la). — 4, cité d'Antin, Brest.

*5337 Trinidade.
*5338 Aux Antilles.
*5339 Route bretonne.
*5340 Larmor.
*5341 Soir en mer.

GUILLET (François-Pierre), né à Bolbec (Seine-Inférieure). — 36, rue Saint-Sulpice, Paris.

5342 Etude (peinture).
5343 Un grain (peinture).
5344 Crépuscule (peinture).
5345 Automne (aquarelle).
5346 Pluie (aquarelle).
5347 Printemps, crépuscule (aquarelle).
5348 Vieille maison à Lisieux (aquarelle).

FROBERVILLE (Jules de), né à Chailles (Loir-et-Cher). — 24, boulevard Raspail, Paris.

*5349 Le vaisseau de la légende.
*5350 Village de Bretagne.
5351 Maison.
5352 Portrait.
5353 La belle Armande.

GALLARD (Georges), né à Bordeaux. — M. Cambiezz, 104, boulevard de Clichy, Paris.

*5354 Vue prise au château des A...

GASS (Georges). — 61, rue Madame, Paris.

*5356 Sapins à la montagne des grottes.
*5357 Limonières.
*5358 Limonières.
*5359 Le mail des Cordeliers, Sésanne.

*5360 Maison sous l'église, Sézanne.
*5361 Au Luxembourg.
*5362 Etude.
*5363 Etude.

GIBAUT (Maxime), né à Bois-le-Roi (Seine-et-Marne).
— Bois-le-Roi.

*5364 Pêches et raisins.
*5365 Renoncules.
*5366 Prunes.
5367 Portrait.
*5368 Chrysanthèmes.
*5369 Roses cuivre.

GODEFROY (Louis), né à Paris. — 14, rue Joubert.

*5370 Trois notes d'intérieurs :
Le Boule.
La fenêtre ouverte.
Le vieil escalier du manoir de K...
5371 Coin de jardin à la française (Versailles),
appartient à M. A. Godefroy.
*5372 Soleil entre les nuages (Hampshire).
5373 Le pont Saint-Michel sous la neige (appartient à Mlle L. Thorp).
5374 Brouillard à Bournemouth (Hampshire),
appartient à Mme S. Frémont.
*5375 Charmille à Versailles (Automne).
*5376 Poole harbour (le soir).
*5377 Vagues sur la grève (Bournemouth),
Hampshire.

GUÉROULT (Maurice), né à Paris. — 7, square Alboni.

***5378**   Effet de soir à Paris.
***5379**   Bal public.
***5380**   Brasserie.
***5381**   Femmes de bar.
***5382**   Parade lutteurs (aquarelle).
***5383**   Corps de garde (pastel).

JACK (Marion E.), né à St-John (Canada). — 218, boulevard Raspail, Paris (14ᵉ).

***5384**   Décoration.
***5385**   Sous le bois.
***5386**   Les arbres d'automne.
***5387**   L'automne.
***5388**   L'effet de nuage.
***5389**   Les bateaux.
***5390**   Les canards.
***5391**   La rivière.

JACOBY (Gomez Luis), né à Mexico. — 17, rue Fourcroy, Paris.

***5392**   Marine.
***5393**   Marine.
***5394**   Marine.
***5395**   Paysage d'Espagne.
***5396**   Marine.
***5397**   Portrait.
***5398**   Portrait.
***5399**   Portrait.

JOURDAIN (Francis), né à Paris. — 13, rue Bélidor, Paris (17e).

*5400 Les Estampes.
*5401 Le piano.
*5402 La glace.
*5403 La bibliothèque.
*5404 La porte bleue.
*5405 Etudes.
*5406 Etudes.
*5407 Etudes.

DÉSIGNATION [1]

KAHN (Mlle Isabelle), née à Paris. — 1, rue Barye.

- ***2579** Etude (jeune garçon).
- ***2580** Nature morte.
- ***2581** Cuisine.
- ***2582** Nature morte.

KANIOWA-KRASZEWSKA, né à Varsovie. — 233 *bis*, faubourg Saint-Honoré, Paris.

- ***2583** Le Souvenir.
- ***2584** Etude de portrait.
- ***2585** Etude.
- ***2586** Etude.
- ***2587** Une Japonaise.
- ***2588** Souvenir de Fiesole.
- ***2589** Etude de portrait.

---

(1) L'astérisque placé à côté des numéros indique les œuvres à vendre.

On peut se procurer, au Secrétariat de l'Exposition, tous les renseignements nécessaires à l'achat des ouvrages, prix des œuvres et adresses des auteurs.

KARSTEN (Ludvig), né en Norvège. — 13, rue des
Beaux-Arts, Paris.

*2591   Clair de lune.
*2592   Deux garçons.
*2593   Soleil.
*2594   La mère chez sa fille morte.
*2595   Automne.

KAUFFMANN (Ph). — 17, avenue Trudaine, Paris

*2596   Falaises.
*2597   La vallée de la Jonte.
*2598   Environs de Grasse.
*2599   Environs de Grasse.

KERN (Jean), né en Suisse. — 22, rue de Tourlaque,
Paris.

*2600   Village en Suisse.
*2601   Vieilles maisons en Suisse.
*2602   Jour gris
*2603   Derniers rayons.
*2604   Paysan battant sa faux.
*2605   Paysage suisse.
*2606   Ferme en Suisse.

KERST (Maurice-Léon), né à Genève.— 7, rue Lallier,
Paris.

*2607   Le vieil abreuvoir (Epinay-s-Seine).
*2608   La Seine à Épinay (vers Argenteuil).

*2609 La rue de l'Abreuvoir (Épinay-s-Seine).
*2610 Épinay-sur-Seine (vue du côteau d'Ar-
        genteuil).
*2611 Sur le côteau d'Épinay.
*2612 Dans les champs (Épinay-s-Seine).
*2613 Les Baux (Provence).
*2614 Une rue des Baux.

KISSELEFF (Alexandre), né à Moscou. — 7, rue
    Belloni, Paris.

2615 Les petits polissons.
2616 La fête.
2617 La promenade.
2618 Le bonheur de famille.
2619 Dans la province.
2620 Le soir.

KISSLING (Eugène), né à Châtenois (Alsace).— 8, rue
    Marie-et-Louise, Paris.

*2621 Coin de jardin.
*2622 Moulin au crépuscule.
*2623 La femme aux chèvres (soir de juin).
*2624 Le faucheur (matin de juin).
*2625 La source dans les bruyères.
*2626 Le masque de pierre.
*2627 Port de pêche.
2628 La cuisine. Fantasia.

KLEIN (Victor), né à Paris. — 24, rue de Pomeret, Paris.

 2629 Liseuse.
 *2630 11 heures, août.
 *2631 Sous l'arbre.
 *2632 Figure dans le reflet.
 *2633 Moulin de Frille.
 *2634 La Maggiere.

KLINGSOR (Tristan). — 28, avenue du Parc-Montsouris, Paris.

 2635 Portrait de M. E. Sansot-Orland.
 *2636 Fillette aux rubans blancs.
 *2637 L'histoire de l'Ogre.
 *2638 Fleurs.
 *2639 Vue de ma fenêtre.
 *2640 Fleurs.
 *2641 Au pays natal. (Petit triptyque : 1. La porte à claires-voies ; 2. La mère Ambroise ; 3. A la Rutoire).

KLOSSOWSKI (Erich), né à Ragnit. — 15, rue Froidevaux, Paris.

 *2642 Étude de femme nue.
 *2643 Baigneuse.
 *2644 Amazone.
 *2645 Paysage.

OPPÉ (Georges), né à Prague. — 19, avenue de Tour-
ville, Paris.

*2646   Paysage.
*2647   Tricoteur.
*2648   Canal, à Bruges.
*2649   La plage.

OUSNETZOFF (Constantin), né en Russie. — 12, boulevard de Clichy, Paris.

*2651   Environs de Paris.
*2652   Environs de Paris.
*2653   Environs de Paris.
*2654   Environs de Paris.
*2655   Environs de Paris.
*2656   Environs de Paris.
*2557   Projet d'un panneau décoratif.

KOZIEROWSKI (Maurice), né à Paris. — 27, rue du
Niger, Paris.

*2658   Nature morte.
*2659   Sur le plateau (Serrigny).
*2660   A Serrigny (Bourgogne).
*2661   Serrigny (6 heures du soir).
*2662   Les jardinets (fin de journée).
*2663   Le lac Daumesnil.
*2664   La gelée blanche (lac Daumesnil).

KOZNIEVSKA (Marja), née à Varsovie (Pologne). —
52, avenue du Maine, Paris.

*2665 Portrait d'un jeune poète.
*2666 Méditation.
*2667 Dame en bleu.
*2668 Roses.
*2669 Roses.
*2670 Paysage.
*2671 Rivière en brume.
*2672 Église bretonne.

KUNWALD (César), né en Hongrie. — 73, rue Caulaincourt, Paris.

*2673 Femme de Locronan (Bretagne).
*2674 Vieillard de Locronan.
*2675 Vieille femme de Camaret (Bretagne).
*2676 Fillette de Camaret.
*2677 Intérieur de l'église (Locronan).
*2678 Cabane (Camaret).
*2679 Les côtes de Toulinguet.
*2680 Après la pluie (port de Camaret).

LABITTE (Eugène), né à Clermont (Oise). — à Concarneau (Finistère).

*2681 Coin de landes (peinture à l'œuf).
*2682 La plage (peinture à l'œuf).
*2683 Les foins (soir), peinture à l'œuf.
*2684 Soir de Noël (Bretagne).
*2685 Vallée Saint-Jean (peinture à l'œuf).

***2686**   Derniers rayons (marée basse), dessin
      teinté.
***2687**   Lever de Lune (peinture à l'œuf).
***2688**   La rivière.

LACHAT (Louis-François), né à Paris. — 247, rue St-
Jacques, Paris.

***2689**   Nature morte.
***2690**   Chrysanthèmes.
***2691**   La tonnelle.
***2692**   Le bras du Chapitre, à Créteil.
***2693**   Le ruisseau mort.
***2694**   Près la grand'route.
***2695**   Les marais à Créteil.
***2696**   Une ferme à Valenton.

LACHTIVER (Henri), né en Russie. — 52, rue Jacob,
Paris.

***2697**   Cadre renfermant 5 croquis.
2698   Portrait (crayon).
***2699**   1 cadre 8 eaux-fortes (originales).
***2699** *bis*   1 cadre 10 eaux-fortes.
2699 *ter*   Portrait (crayon).

LACOMBE (Georges), né à Versailles. — 42, avenue
Villeneuve-l'Etang. Versailles.

***2700**   Chênes du Vignage.
2701   Hêtre du Vignage (appartient à M⁰ A.
      Hepp).

*2702 Automne.
2703 Portrait des petites L... (appartient à M⁰ L.).
*2704 Chênes et myrtils.
2705 Ruisseau de Pierrechien (appartient à M⁰ A. Hepp.
*2706 La Briante (sous bois).
2707 Buste de Sérusier (plâtre).

LACOSTE (Charles), né à Floirac (Gironde). — 35, boulevard Pasteur, Paris.

Paysages de Mortagne-sur-Gironde (Charente-Inférieure) :

*2708 Les champs.
*2709 Le potager.
*2710 Sauges.
2711 Le vallon (appartient à M. A. Baudoin).
*2712 Le toit rouge.
*2713 Laurier blanc.
*2714 Quatre études :
    a) La Gironde.
    b) Le bois.
    c) La combe du lin.
    d) Falaises.

*2715 Quatre études :
    a) L'arbre devant le fleuve.
    b) Le mur du jardin.
    c) Derrière le village.
    d) Collines.

LADUREAU (Pierre), né à Dunkerque (Nord).   14, avenue du Maine, Paris.

***2716** Le matin.
***2717** La nuit.
***2718** La pompe.
***2719** Le béguinage (Bruges).
***2720** Les chevaux.
***2721** Au bord de l'eau.
***2722** Soleil couchant (Bruges).
***2723** La flaque.

LAGERBERG (Mlle Karin de), née en Suède. — 5, rue de Bassano, Paris.

2724 « Magola ».
***2725** La cuisinière.
***2726** Intérieur d'atelier.
***2727** « Katty »
***2728** Vue de l'Alhambra.

LAHAYE (François-Etienne), né à Combs-la-Ville. — Le Verseau, Combs-la-Ville (Seine-et-Marne).

***2729** Soleil levant à Chartres.
***2730** Soir à Martigues.
***2731** Soleil couchant à Chartres.
***2732** Matin d'orage à Martigues.
***2733** Soir d'automne à Versailles.
***2734** Lac d'Annecy, soir d'automne.
***2735** Soir d'hiver près de Grenoble.
***2736** Soir d'hiver à Versailles.

LAMBERT (Georges), né à Nantes (Loire-Inférieure).
— 93, rue de Courcelles, Paris.

2737 Le gué (soleil couchant).
2738 Dunes par grand vent.
2739 Route de la ferme (soleil couchant).
2740 Vieille ferme (lever de lune).
2741 Marais salants (soleil couchant).
2742 Rofiat (Seine-Inférieure).
2743 Le Pouliguen (Loire-Inférieure).

LAMOURDEDIEU (Raoul), né à Fauguerolles (Lot-et-
Garonne). — 49, rue Dupleix, Paris.

*__2744__ Torse homme.
*__2745__ La douleur (statuette bronze, cire perdue). (
*__2746__ Un lot de six statuettes.
2747 La toilette (plâtre).
2748 Costume féminin (plâtre).

LAMPUÉ (Pierre), né à Montréjeau (Haute-Garonne).
— 72, boulevard du Port-Royal, Paris.

*__2749__ Le Moulin de Montigny-sur-Loing.
*__2750__ La poterne à Moret.
*__2751__ Les vieux moulins, à Moret.
*__2752__ La chapelle de Trémalo à Pont-Aven.
*__2753__ Une vue du jardin du Luxembourg.
*__2754__ La rivière et les jardins de Pont-Aven.
*__2755__ Vue de Moret.
*__2756__ Vieux arbres (forêt de Fontainebleau).

LAMY (Edouard-Félix), né à Montmartre. — 8, avenue Denis-Lassoy, Courbevoie.

*2757 Un panier de chrysantèmes.
*2758 Pensées et primevères.
*2759 Pêches et prunes.
*2760 Le pont de la folie (Nanterre).
*2761 Un casse-croûte (étude).

LANDAIS (Henri-Louis), né à Tours. — 20, rue Littré, Paris.

*2762 La lingère.
*2763 La rue Mouffetard.
*2764 Intérieur de Saint-Severin.
*2765 Jardin du Luxembourg.
*2766 Pêchers et poiriers en fleurs.
*2767 Paysage en Touraine.
*2768 Le Pont-Neuf.
*2769 Indo-Chinoise.

LANDAIS (Mlle Marie), né à Montoire (Loir-et-Cher). — 12, square du Tunnel, Le Mans (Sarthe).

*2770 Rue Saint-Vincent (Montmartre).
*2771 Rue de Vaux (Vieux-Mans).
*2772 Les Flairies (Changé-lès-Le Mans).
*2773 Boulevard de Clichy (Paris).
*2774 Boulevard de Clichy, kiosque (Paris).
*2775 Vue de Billancourt.
*2776 Pont de Sèvres.
*2777 Chemin de Bois-Martin (Changé-lès-Le Mans).

LANOE (Georges-Julien), né à Nantes. — 37, rue de
Gigant, Nantes, et 297, rue Saint-Jacques, Paris.

*2778   Falaises à Dieppe.
*2779   Petite plage à Dieppe.
*2780   Le port à marée basse (Dieppe).
*2781   Marée basse (baie de Saint-Brieuc).

LAPORTE (Victor), né à Paris. — 144, rue Lecourbe,
Paris.

*2782   Bords de la Seine (4 panneaux).
*2783   Bords de la Seine.

LAPRADE (Pierre), né à Narbonne. — 14, rue Mayet,
Paris.

2784   Femmes chantant (appartient à M. Ed-
       wards).
*2785   Musique.
2786   La femme au géranium (appartient à
       M. Vollard).
2787   L'enfant à l'ours (appartient à M. Vollard).
2788   Le jardin (appartient à M. Vollard).
*2789   Nature morte (le laurier).
*2790   Nature morte (la poupée).

LARRAMET (Hilaire), né à Montech (Tarn-et-Garonne).
— 35, rue des Abbesses

2791   Portrait de Mlle Germaine J...
*2792   « Tout vêtus de noir, la reine et le roi...»
       (*Ballades françaises*, Paul Fort) (lavis
       sur pierre).
*2793   L'hiver (lithographie),

*2794 Colloque sentimental (lithographie).
*2795 L'automne (lavis original).
*2796 Un disciple du bon Panurge (lithographie).
*2797 L'homme à la pipe (eau-forte originale en couleur).
*2798 Vitrine contenant coffret-bijoux (cuivre repoussé).

LARRUE (Guillaume), né à Bordeaux. — 11, rue Jacques-Boyceau, Versailles.

*2799 L'allée de l'automne à Versailles.
*2800 La colonnade.
*2801 La jeune mère.
*2802 La carrière.

LASTBOM (Mlle Fanny), née en Suède. — 6, rue Vercingétorix, Paris.

*2803 Repas de baptême.
*2804 Vieille mendiante (pastel).
*2805 Au soleil couchant.
*2806 Clair de lune.
*2807 Clair de lune.
*2808 Etude.
*2809 Etude.

LATTER (Mme Ruth), née en Angleterre. — Chez Paul Foinet fils, 21, rue Bréa.

*2810 Dans le jardin du Luxembourg (aquarelle).
*2811 Le vieux jardin (aquarelle).

*2812 Pochade (Luxembourg).
*2813 Pochade (Trocadéro, coucher de soleil).
*2814 Pochade (Trocadéro, le soir).
*2815 Pochade (Luxembourg).

LAUGÉ (Achille-Guillaume), né à Arzens (Aude). —
A Caillau (Aude).

*2816 Jardin (printemps).
*2817 Jardin (hiver).
 2818 Amandiers en fleurs (appartient à M.
        Astre).
 2819 Genets (appartient à M. Astre).
*2820 Route de Caillau.
 2821 Portrait.

LAURENCIN (Marie), née à Paris. — 51, boulevard de
la Chapelle.

 2822 Portrait de Mlle A.
*2823 Etude, peinture.
*2824 Etude, peinture.
*2825 Dessins (série).
*2826 Un dessin.
*2827 Un dessin.
*2828 Un dessin.

LAURENT-GSELL (Lucien), né à Paris. — 50, rue
Saint-Georges, Paris.

 2829 Mme Fahmy-Bey (portrait).
*2830 Tête d'enfant.
*2831 La principauté de Monaco.

*2832 La récolte des olives.
*2833 Roquebrune.
*2834 Menton vu du Cap-Martin.
*2835 Le retour de la ville.

LAURI (Giustiniano), né à Colli (Italie). — 104, boulevard de Clichy, Paris.

*2836 Rêverie.
*2837 Tête d'étude (femme)
*2838 Tête d'arabe.
*2839 Printemps.
*2840 Les fleurs.
*2841 Tête Florentin.
*2842 Graziella.
*2843 L'anémie.

LAUVRAY (Abel), né à Rennes. — 135 *bis*, rue de Rome, Paris.

*2844 Mistral, à Cannes.
*2845 Le vieux chemin.
*2846 Dunes à La Napoule.
*2847 La plage à La Bocca.
*2848 Vieux Cannes (matin).
*2849 Château de La Napoule.

LAUWEREYNS (Henri-Auguste), né à Paris. — 118, boulevard du Montparnasse, Paris.

*2852 Les chalutiers tréportais.
2853 Étude de fleurs (pastel).

2854 Tréport le soir (vue de l'église).
2855 Rentrée de bateaux (gros temps).
2856 La Canche rentrant la nuit.
2857 Portrait.
***2858** Le port du Tréport.
2859 Brouillard.

LAVERRIÈRE (Ernest), né à Paris. — 62, rue Truffaut, Paris.

***2860** Le tub.
***2861** Étude.
***2862** Étude.
***2863** Nature morte.

LAVAUX (Georges), né à Paris. — 36, rue Poccard, Levallois-Perret.

***2864** Dans la vallée du Petit-Morin (en automne).
***2865** Dans la vallée du Petit-Morin (automne).
***2866** Dans la vallée du Petit-Morin (Le rû à Verdelot, en automne).
***2867** Dans la vallée du Petit-Morin (Les Javelles).
***2868** Dans la vallée du Petit-Morin (Le rû à l'aventure, au printemps.
***2869** Dans la vallée du Petit-Morin (Les chardons en août).
***2870** Dans la vallée du Petit-Morin.
***2871** Dans la vallée du Petit-Morin.

LAWSON (Cecil C. P.), né à Londres. — 2, rue
Cassini, Paris.

*2872   Quai des Grands-Augustins.
*2873   Jardin du Luxembourg.
*2874   Sur la Seine.
*2875   Etude.
*2876   Paysage.
*2877   Etude.
*2878   Chaterhouse, Londres.
*2879   La Porte.

LE BAIL (Louis), né à Evron (Mayenne). — Villa
Champ-Fleuri, rue des Vignes, à Verneuil-sur-Seine
(Seine-et-Oise).

*2880   Après-midi d'été.
*2881   Champ de coquelicots au bord de la
         Seine.
*2882   Vieilles maisons dans la Mayenne.
*2883   La guinguette (printemps).
*2884   Chrysanthèmes.
*2885   L'automne à Villennes.
*2886   Bords de Seine, Poissy.
*2887   Rue de Village dans le Vexin.

LEBASQUE (Henri), né à Champigné (Maine-et-Loire).
— 36, boulevard de Clichy, Paris.

*2888   L'alphabet.
*2889   Les couturières.
*2890   Fleurs giroflées.

*2891 Fleurs.
*2892 Etude.
*2893 Sous bois.
*2894 La toilette.
*2895 L'Eglise de Montévrain (appartient à M. Marque.

LE BEAU (Alcide), né à Lorient. — 45, rue de la Tour.

*2896 Au fond de l'eau.
*2897 Marine.
*2898 Coucher de soleil.
*2899 La cale de Port-Manech.
*2900 Au Pardon de Saint-Léger.

LEBEL (Gustave), né à Paris. — 81, avenue de Villiers.

*2903 Soleil levant sur l'Aiguille verte.
*2904 Les aiguilles du Mont Blanc.
*2905 Bords du Rhône (Sion).
*2906 Rue de village savoyard.
*2907 La ruine.
*2908 Plage bretonne.
*2909 Plage méditérranéenne.

LE BRUN (Georges), né à Verviers (Belgique). — Grand Vinâve, à Theux (Belgique).

*2910 Le labouré.
*2911 Le grand orme.
*2912 Le soleil qui fuse.

*2913 Le bois de hêtres.
*2914 La grande charmille
*2915 La ville le soir.
*2916 La neige.
*2917 Le soir en Ardennes.

LECOURT (Raymond), né au Havre. — 24, rue de Buci, Paris.

*2926 Herseur (novembre).
*2927 Laboureur.
*2928 Chevaux bais.
*2929 Déchargement du coton (Havre).
*2930 Berges de la Seine (Tournelles).
*2931 Berges de la Seine (Pont-Marie).
*2932 Berges de la Seine à Paris.
*2933 Berges de la Seine à Paris.

LECREUX (Gaston), né à Paris. — 19, rue de Vintimille, Paris.

*2934 Tulipes.
*2935 La citronade.
*2936 Renoncules.
*2937 Sur la terrasse (Evian).
*2938 Coucher de soleil (Evian).
*2939 Près de la fenêtre.
*2940 Jacinthes.

LECUIT-MONROY (Paul), né à Paris. — 4, faubourg
du Temple, Paris.

*2941 Bords de mer, près Toulon.
*2942 Bords de la Somme, près Abbeville.
*2943 Via Apia (environs de Rome).
*2944 La Monnaie à Rome, derrière le Vatican.
*2945 Sur le grand canal (soir, à Venise).
*2946 Derrière la gare, à Mers-Tréport.
*2947 Le fort Saint-Louis, au Mourillon (Tou-
lon).
*2948 Pommiers (environs de Dreux).

LEDOGARD (Georges), né à Jouy-le-Moutier (Seine-et-
Oise. — 2, place de la Gare, Pontoise (Seine-et-Oise).

*2949 Chàtaigniers, à Osny.
*2950 Chàtaigniers, à Osny (les 4-Chemins).
*2951 Matinée, à Osny (décembre).
*2952 L'Eure, à Saint-Cyr-du-Vaudreuil.
*2953 Coin de jardin, à Osny.
*2954 Chàtaigniers au soleil (Osny).
*2955 Nature morte (pommes et soupière).
*2956 Nature morte (pommes et pot de grès).

LE FAUCONNIER (Henri), né à Hesdin (Pas-de-Calais).
— 19, rue Visconti, Paris.

2957 La mi-carême au quartier latin.
2958 Le carrefour ensoleillé.
2959 Le boulevard Saint-Germain.

2960 La rue.
2961 Le coin de boulevard.
2962 Portrait du littérateur Georges Bonna-
mour.
2963 Au Luxembourg, en été (étude).
2964 Le far-niente du square (étude).

LEFÈBRE (Wilhelm), né à Francfort-sur-le-Mein. —
3o, boulevard Bourdon, Neuilly-sur-Seine.

*2965 Troupeaux.
*2966 Brume de matin.
*2967 Pilier du Pont-Neuf.
*2968 Au soir.
*2969 Sablière.
*2970 Au Luxembourg.
*2971 En novembre.
*2972 En hiver.

LEFEBVRE (Joseph), né à Saint-Pierre-en-Port. —
Saint-Pierre-en-Port (Seine-Inférieure).

*2973 Coin de l'église de Saint-Pierre-en-Port.
*2974 Nature morte.
*2975 Nature morte.
*2976 Lever de lune.
*2977 Vieux livres.
*2978 Mon jardin.
*2979 Une rue à Saint-Pierre-en-Port (neige).
*2980 Clair de lune (falaise).

LÉGER (Jules), né au Havre. — 108, rue Jouffroy,
Paris.

*2981   Ferme normande.
*2982   Les sureaux.
*2983   Bougival.
*2984   Après la pluie.
*2985   Sous la terrasse.
*2986   Cusset-Vichy.

LEHMANN (Léon), né à Altkirch (Alsace). — 16, rue
Clauzel, Paris.

*2987   Croquis militaires.
*2988   Croquis militaires.
*2989   Croquis militaires.
*2990   Tête.
*2991   Paysage.
*2992   Nature morte.
*2993   Nature morte.
*2994   Pochades.

LEIGH (Dora-Boughton), née en Angleterre. — 7, rue
Léopold-Robert, Paris et Little-Barrington-Burford-
Oxon (Angleterre).

*2995   Chez soi.
*2996   Les bavardes.
*2997   L'enfant à l'orange.
*2998   La mère et l'enfant.
*2999   Rêverie.

LEIGH (Maud-Boughton), née à Londres. — 216, boulevard Raspail.

3001 La poupée.
3002 Soir dans les champs.
3003 Paysage.

LEJEUNE (Henri), né à Saint-Ouen. — 5th avenue 197, Paterson, New-Jersey, U. S. A. et chez M. E. Lejeune, 46, rue Saint-Denis, à Saint-Ouen (Seine).

***3004** Souk-el-Blat, Tunis.
***3005** Hôpital Sadiki, Tunis.
***3006** Souk aux étoffes, Tunis.
***2007** Falaises, Saint-Valéry-en-Caux.
***3008** Etudes de rochers, côtes de Bretagne.
***3009** Laveuses bretonnes.
3010 Masque.
3011 Masque.

LEKOW (Hedwige de), née à Nagy-Varsony (Hongrie). — 55, rue de Vaugirard, Paris.

3012 Portrait de Mme de G...
***3013** Jardin du Luxembourg.
***3014** Sarrasin en fleurs.
***3015** Eaux-fortes :
    1. Moulin à vent hollandais.
    2. Canal hollandais.
    3. Saint-Germain-l'Auxerrois.

***3016** Eaux-fortes :
    1. Canal de Delft.
    2. Automne (Laren).
    3. Vieilles maisons de Dordrecht.
    4. Portrait.

***3017** Gravures sur bois, tirées à la main (vues de Paris).

***3018** Gravures sur bois, tirées à la main (vues de Hollande).

***3019** Dessins.

LEMAITRE (Adrien), né à Rouen. — 60, rue de Paris, Vanves.

***3020** Vieille carrière (aquarelle).
***3021** Les toits rouges (aquarelle).
***3022** Soir (aquarelle).
***3023** Chemin pierreux (pastel).
***3024** En route (aquarelle).
***3025** Neige et soleil (huile).
***3026** Forges et hauts fourneaux (huile).
***3027** Paysage d'hiver (huile).

LE MEILLEUR (Georges), né à Rouen. — 41, rue Bayen, Paris.

***3028** Environs de Louviers.
***3029** Pommiers en fleurs.
***3030** La Seine à Ablon
***3031** A Hendreville.
***3032** Fontaine Heudebourg.
***3033** Le bout du pré.
***3034** La Squevel, à Ploumanach.
***3035** La plage de Trestraon.

LEMMEN (Georges). — 222, rue Verte, Bruxelles.

*3036 Le chapeau bleu.
*3037 Bouquets.
*3038 Fleurs.
*3039 La robe rouge.
*3040 Jardins sous la neige.
*3041 Lecture.
*3042 Rousse.

LEMPEREUR (Edmond), né à Oullins (Rhône). — 22, rue Tourlaque, Paris.

*3043 Coin de pesage (Longchamps).
*3044 Avant la course.
*3045 Intérieur.
*3046 Pesage à Auteuil.
*3047 Aux courses (Longchamps).
*3048 Bar Tabarin.
*3049 Danseuse au bar.
*3050 Canots à Nogent.

LENFANT (Marcel-Louis), né à Paris. — 19, rue Oberkampf, Paris.

*3051 En Picardie. Environs d'Auxi-le-Château.
*3052 Cour de Cluny.
*3053 En Picardie. Sortie de village.
*3054 Terre picarde.
*3055 Étude. Tête d'enfant.
*3056 Environs de Rosny-sous-Bois.
*3057 Étude en septembre.

LENOIR (Marcel), né à Montauban. — 83, rue de la
Tombe-Issoire, Paris.

*3058 Sagesse.
*3059 Les papillons blancs.
*3060 L'ancêtre Déïsé.
*3061 Page d'amour sur fond d'azur.
 3062 L'homme aux mains croisées (appartient
       à M. Boogaerts).
 3063 Portrait du poète Charles Vildrac.
 3064 Portrait du docteur Xavier Combes.
*3065 La lumière et le rire.

LE PETIT (A.-M.), né à Fallencourt (Seine-Inférieure).
— 37, rue Lamarck, Paris.

*3066 Bétonniers (Paris).
*3067 Débardeur (Levallois-Perret).
*3068 Locheur de pommes (Seine-Inférieure).
*3069 Aoûteuse (Somme).
*3070 Facteur rural (Seine-Inférieure)
*3071 Chaumières (Seine-Inférieure).
*3072 La barrière (Seine-Inférieure).
*3073 Travaux près du canal de St-Quentin.

LE PETIT (Alfred), né à Aumale (Seine-Inférieure). —
128 *bis*, rue de Courcelles, Levallois-Perret.

*3074 Le singe malade.
*3075 Ile de la Jatte, près Asnières (brouillard).
*3076 Hôtel de ville de Paris (brouillard).
*3077 La rue Illiers à Dreux (la maison calée).

***3078** L'auberge de la Colle, chez Bovis, rue
       Saint-François, Nice.
***3079** A Avignon (les remparts).
***3080** Le fort Saint-André à Villeneuve-lès-
       Avignon.
***3081** Les deux présidents.

LÉPINE (Joseph-Louis-François), né à Bordeaux. —
203, boulevard Raspail, Paris.

***3082** Place de village (Corrèze).
***3083** La ville sur l'eau (Corrèze).
***3084** Rivière et coteau (Corrèze).
***3085** Rivière et coteau (Corrèze).

LERÉ (Léon), né à Paris. — 27, rue du Mail, Paris.

***3086** Bras de Seine, Maisons-Laffite.
***3087** Petit bras Maisons-Laffite (matin).
***3088** Bord de la mer (environs de Villers).
***3089** Falaises (environs de Dieppe).

LEROUX (Louis), né à Courbevoie (Seine). — 27, avenue Mac-Mahon, Paris.

***3090** Bords de Seine à Meulan (S.-et-O.),
       soir d'automne.
***3091** Bords de Seine (Meulan).
***3092** Ile fleurie, Nanterre (S.-et-O.), inon-
       dation.

*3093 Plage de Saint-Enogat (Ille-et-Vilaine).
*3094 Ile Fleurie (Nanterre), matinée de prin-
temps.
*3095 Ile Fleurie (Nanterre).
*3096 Campagne, aux Mureaux (S.-et-O.).
*3097 Chemin de ferme (Meulan).

LE THIMONNIER (Paul), né à Paris. — 17, avenue
des Marronniers, Asnières.

*3098 Chanson gitane.

LIÉRON (Charles), né à Tours. — Beaujardin, par
Fondettes (Indre-et-Loire).

*3099 Crépuscule.
*3100 Cannes vu de la Croix des Gardes.
*3101 Bateaux lesteurs (port de Cannes).
*3102 Souvenir des régates (Cannes).
*3103 Baie de la Napoule.

LIEVENS (Henri), né à Paris. — 237, rue Saint-Maur,
Paris.

*3104 Champs et pommiers.
*3105 Cour de ferme (Normandie).
*3106 La sente des fabricants.
*3107 Le clos.
*3108 La grange.
*3109 Etude.

LINDLEY (Frank), né à Paris. — Réhon (Meurthe-et-
et-Moselle).

*3110   L'été (bords de la Chiers).
*3111   Avant l'orage.
 3112   Portrait de M. F. L....

LION (Gabriel), né à Orléans. — 25, rue Lepic, Paris.

*3113   Côtes de la Creuse.
*3114   Rue de village.
*3115   La vieille croix.
*3116   La descente du village.
*3117   Derniers rayons.
*3118   Sous bois.
*3119   Panorama de village.

LISMANN (Hermann), né à Munich. — 22, rue De-
lambre, Paris.

*3120   Jeune femme avec chien.
*3121   Passerelle des Migneaux, près de Poissy.
*3122   Boulevard de la Seine (Poissy).
*3123   Bords de la Seine (Poissy).
*3124   Guignol au Luxembourg.
*3125   Siesta (dessin).
*3126   Les Harpyes (le repas du géant), dessin
*3127   Le cauchemar (dessin).

LISSAC (Pierre), né à Limoges (Hte-Vienne). — 16, rue
de Chabrol, Paris.

*3128   Jardin montmartrois en décembre.
*3129   Jardin montmartrois (soleil d'été).
*3130   Un jardin dans le Midi.
*3131   Le parc Monceau (étude).
*3132   Sur la butte Montmartre.
*3133   Soleil d'hiver à Montmorency (étude).
*3134   Printemps (esquisse).

LOMBARD (Gaëtan), né à Paris. — 32, rue Caumar n
tin, Paris.

*3135   Journée de Printemps.
*3136   Bords de la Seine.
*3137   Marine.
*3138   Giboulées de mars.

LOMER (Heinrich), né à Leipzig. — 92, rue Notre-
Dame-des-Champs, Paris.

*3139   Paysage 1898.
*3140   Les sœurs 1898.
*3141   Coucher de soleil 1899
*3142   L'Himalaya 1900.
*3143   Jeune mahométan 1901.
*3144   Pêcheur 1902.
*1345   Portrait 1903.
*3146   Aux concerts 1904.

LOUBOUCHKINE (Mlle Séraphine), née à Moscou. —
27, av. du Maine.

    ***3147**   Le portrait d'une fillette.

LOY (Mme Mina), née à Londres. — 6, rue Huyghens,
boulevard Raspail, Paris.

    ***3148**   Quatre illustrations.
    ***3149**   Le five o'clock.
    ***3150**   L'après-midi.
    ***3151**   Malédiction.
    ***3152**   Minuit.
    ***3153**   Dessin décoratif.
    ***3154**   Dessin décoratif.
    ***3155**   Dessin décoratif.

LOYSEL (Jacques), né à Courcelles (Indre-et-Loire). —
233, Faubourg St-Honoré, Paris.

    ***3156**   L'abondance (statuette bronze).
    ***3157**   L'ironie. (tête pierre patinée).
    ***3158**   Claudine à l'école (statuette plâtre pa-
               tinée).
    ***3159**   Femme couchée (statuette bronze).
    ***3160**   Nymphe et satyre (groupe bronze).
    ***3161**   La femme à la grenouille (grès Muller).

LUCE (Maximilien, né à Paris. — 102, rue Boileau,
Paris.

3162 Notre Dame (appartient à Me Rumeau).

3163 Le boulevard du Palais (nuit) (appartient à M. F. Fénéon).

3164 Le château de Moulineux (appartient à M. F. Fénéon).

3165 Maisons à Lagny (appartient à M. Signac).

3166 Souvenir de Buffalo (appartient à M. F. Fénéon.

3167 Le port de Camaret (appartient à M Vollard).

3168 Terres incultes à Moulineux (appartient à Mlle Francillon.

3169 Souvenirs de Belgique (appartient à M. Verhaeren).

LUCIENNI (Albert), né à Paris. — 43, rue de Lyon.

***3170** Rochers de Ploumanach (Bretagne).
***3171** Les bords de la Marne à Champigny.
***3172** Matinée à l'Arcouëst (Bretagne, près Paimpol).
3173 Rue de l'Horloge, à Dinan.
***3174** Marée basse à Trégastel (Bretagne).
***3175** Marée basse, à Paimpol.
***3176** Le Trieux, près Loguivy (Bretagne).
***3177** Rochers de Ploumanach (Bretagne).

MAC-CAUSLAND (Katharine), né à Dublin (Irlande).
— Marlotte (Seine-et-Marne).

*3178   Le miroir.
*3179   Etude de fillette.
*3180   Etude de fillette.
*3181   Chrysanthèmes.
*3182   Dans le jardin.
*3183   Etude de fillette.
*3184   Nature morte.

MADELINE (Paul), né à Paris. — 17, quai Voltaire,
Paris.

*3186   Le coin des roses.
*3187   La Creuse (Automne).
*3188   La rivière.
*3189   Les ombres portées.
*3190   Brume et givre.
*3191   Matinée automnale.
*3192   Chemin limousin.
*3193· « Ite missa est ».

MADVIG (Charles), né à Paris. — 59, avenue de Saxe.

*3194   Le Bain
*3195   Bruges.
*3196   Bruges.
*3197   Nature morte.
*3198   Nature morte.
*3199   Moulin à Fluis.
*3200   Effet de soir.
*3201   4 panneaux (Flandre).

MAGLIN (Firmin), né à Paris. — 6, rue Joseph-Hazard,
Uccle-Bruxelles.

*3202   Les étangs de Boitsford, près Bruxelles.
*3203   La forêt de Soignes en décembre.
*3204   Matinée d'automne (Bois de la Cambre).
*3205   Etude (Bois de la Cambre).

MAHOUT (Mme Marie), née à Gien (Loiret). — 60, boulevard de Clichy, Paris.

*3206   La Creuse.
*3207   La Billardière.
*3208   Soleil couchant.
*3209   Eglise à l'automne.
*3210   Le petit pont.
*3211   Rue de village.
*3212   Chemin creux.
*3213   Etude au soleil.

MAILFAIRE (Louis), né à Paris.— 79, rue de l'Amiral-
Roussin.

*2214   La Seine dans Paris (Notre-Dame).
*3215   La Seine dans Paris (Trocadéro).
*3216   Effet de soleil (Billancourt).
*3217   Paysage, près Sèvres (Seine).
*3218   Soleil couchant.
*3219   Crépuscule.
*3220   Vue de Paris.
*3221   Vue de Paris.

MALONE (Blondell), né en Californie.— Chez M. Paul
Foinet fils, 21, rue Bréa.

*3222   Bord de l'Eure.
*3223   La mer en Californie.
*3224   Le cerisier en fleur.
*3225   San Gregorio (Venise).
*3226   La mer à Dieppe.
*3227   Fleurs d'automne.
*3228   Côtes du Japon.
*3229   Une petite porte française.

MALTESTE (Louis), né à Chartres. — 33, rue Jacob,
Paris.

*3230   Léda (peinture).
*3231   Les vieux (peinture).
*3232   Barbara (peinture).
*3233   Les Chiffretons (peinture).
 3234   M. Elémir Bourges et M. J.-K. Huys-
         mans (croquis crayon).
 3235   Modèles (croquis crayon).
*3236   La baignade (peinture).
 3237   Un cadre de lithographies.

MANCEAU (Paul-G.), né à Loches. — 12, rue de Belle-
chasse.

*3238   Les tours de Loches au soleil couchant.
*3239   Le Cher à Chabris.
*3240   La Seine à Maisons-Laffitte.

*3241   La grotte (Loches).
*3242   Les clochers de Saint-Ours (Loches).
*3243   La tour carrée (Loches).
*3244   Loches vu de la grotte.
*3245   Meules à Beaulieu (Loches).

MANGUIN (Henri), né à Paris. — 61, rue Boursault, Paris.

*3246   Les gravures.
*3247   Baigneuse.
*3248   Femme aux oranges.
*3249   Femme dormant.
*3250   Port de Saint-Tropez.
*3251   Paysage (Saint-Tropez).
*3252   Nu.
*3253   Paysage (Saint-Tropez).

MARCEL-BÉRONNEAU (Pierre), né à Bordeaux. — 11, impasse Ronsin, Paris.

*3254   Salomé après la danse.
*3255   Salomé portant la tête de Saint-Jean.
*3256   Salomé triomphante (esquisse).
*3257   Sapho (esquisse).
*3258   Paysage (effet du soir).
*3259   Femme au serpent.
*3260   Tristesse.
*3261   Orphée.

MARCEL-CLÉMENT (Amédée-Julien), né à Paris. —
38, rue Boileau (hameau Boileau, 14,) Paris.

- ***3262** La vache.
- ***3263** Dans les Roches Noires.
- ***3264** Les oies.
- ***3265** Les chiens.
- ***3266** La vague qui s'abat.
- ***3267** L'arbre penché.
- ***3268** Lever de lune.
- ***3269** Le port de Noirmoutier (à marée haute).

MARCHAISON (Germain), né à Paris. — 27, rue des
Villas, Saint-Mandé.

Emaux :

- ***3270** Portrait de Mme veuve Picq.
- ***3271** La fillette à la rose.
- ***3272** Portrait de Mlles Andrée et Marguerite B... (appartenant à M. Berruyer).
- ***3273** Judith.
- ***3274** Rire et pleurs.

MARCHAL (Achille-Gaston), né à Saint-Denis (Seine),
68, rue Rochechouart, Paris.

- ***3275** Bruges.
- ***3276** Bruges.
- ***3277** Bruges.
- ***3278** Bruges.
- ***3279** Église de Cernay.
- ***3280** La Marne à Trilport.
- ***3281** Givre.
- ***3282** Étude.

MARCOLESCO (Georges), né à Bucharest. — 33, boulevard de Clichy, Paris.

*3283 Femme mettant ses bas.
*3284 Fin de déjeuner.
*3285 Portrait.
*3286 Fenêtre ouverte.
*3287 Persienne fermée.
*3288 Rayon de soleil.
*3289 Pensées.
*3290 Giroflées.

MARE (Charles-André), né à Argentan (Orne). — 21, avenue du Maine, Paris.

*3291 Thérèse.
*3292 Thérèse.
3293 Etude.
*3294 La terrasse.
*3295 La serre.
*3296 Le perron.
*3297 Sur la terrasse.
*3298 L'atelier.

MARIE (Gabrielle), née à Londres. — 64, rue de Pologne à St-Germain-en-Laye (S.-et-O.)

*3299 Violon et livres.
*3300 Fraises.
*3301 Iris.
*3302 Homard.
*3303 Homard et crevettes.
*3304 Pêches.
*3305 Puits.

MARINOT (Maurice), né à Troyes. — 3, rue Casimir-
Delavigne, Paris.

*3306   Eglise des Noës, (Mons, soleil).
*3307   Eglise des Noës (été, temps gris).
*3308   Nature morte.
*3309   Nature morte.
*3310   Etude dans un atelier.
*3311   Etude (une opération).
*3312   Nature morte.
*3313   Nature morte au soleil.

MARKOUS (Louis), né à Varsovie. — 16, rue de Chabrol, Paris.

3314   Portrait de M. B...
*3315   L'homme souriant.
*3316   Etude.
*3317   Rue Lamarck.
*3318   Un jardin sur la Butte.
*3319   Un jardin sur la Butte.
*3320   Paysage.
*3321   Une pointe sèche.

MARQUE (Albert), né à Nanterre. — 62, rue Barguc,
Paris.

*3322   Ebats d'enfants (fontaine pierre).
*3323   Mère allaitant (groupe pierre dure).
*3324   Enfants jouant (groupe pierre dure).
3325   Maurice Aubry (buste terre cuite), appar-
        tient à M. Aubry.
*3326   Buste d'enfant (plâtre).

MARQUE (Maurice), né à Rueil (Seine-et-Oise). —
16, rue Violet (pavillon 2), Paris.

***3327** Jeune fille cousant.
***3328** Jeune fille lisant.
***3329** Femme cousant à la machine.
***3330** Jeune fille écrivant.
***3331** Etude.
***3332** Homme lisant.
***3333** Paysage.
***3334** Paysage.

MARQUET (Albert), né à Bordeaux. — 25, quai des
Grands-Augustins.

***3335** Paysage.
3336 Paysage (appartient à M. Druet).
3337 Paysage (appartient à M. Druet).
3338 Paysage (appartient à M. Druet).
3339 Paysage (appartient à M. Druet).
3340 Paysage (appartient à M. Druet).
3341 Paysage (appartient à M. Druet).
3342 Paysage (appartient à M. Druet).

MARRE (Henri), né à Montauban (Tarn-et-Garonne).
— 25, place de la Halle, Montauban.

***3343** Vieilles maisons à Penne (Tarn).
***3344** Une ruelle à Najac (Aveyron).
***3345** Intérieur à Larroque (Tarn).
***3346** Le marché (Montauban).

***3347** Le marché à Montauban (étude en temps gris).

***3348** Le marché à Montauban (étude au soleil).

***3349** Le marché à Montauban (coin des légumes).

3350 Paysage automne (Montauban).

MARSHALL (T. William), né à Donisthorpe.— 51, rue de Sèvres, Paris.

***3351** Le pont des Arts.
3352 Portrait de Mlle D...
***3353** Le pont Royal.
***3354** Merisier en fleurs.
***3355** Le verger.
***3356** Soleil d'été.
***3357** Effet de neige (Luxembourg).
***3358** Temps gris.

MARTEL (Charles), né à Alençon (Orne). — 11, rue Lalande, Paris.

***3359** Vénitienne en gondole.
***3360** Le palais ducal, Venise.
***3361** Vénitienne.
***3362** Femmes en barque, lagunes de Venise.
***3363** Femmes au bord de la lagune, Venise.
***3364** Vénitiennes sur les marches d'un pont.
***3365** Vénitiennes.
***3366** Vénitiennes.

MARTIN (Jean-Léon), né à Issoire (Puy-de-Dôme). —
7, boulevard Arago.

  ·3367   Lithographie originale, études (bouchée
          de pain).
  *3368   Lithographie originale : Les deux sœurs.
  *3369   Peinture, Rue Mouffetard.
  *3370   Peinture, Rue de la Montagne.
  *3371   Peinture, Pierreuses.
  *3372   Peinture, La famille.
  *3373   Peinture, Au jardin.
  *3374   Peinture, Nature morte.

MARTIN (Jacques), né à Villeurbanne-Lyon. — 52, chemin de Baraban, Lyon.

  ·3375   Pivoines.
  ·3376   Jardin au printemps.
  ·3377   Toilette.
  ·3378   Au temps des cerises.
  ·3379   Dèche !
  ·3380   Paysage d'été, à Fontaine-sur-Saône.
  ·3381   Fleurs et fruits d'hiver.
  ·3382   Fleurs et fruits d'été.

MARTOUGEN (Stanislas), né à Givet (Ardennes). --
3 *bis*, rue de Bagneux, Paris.

  ·3383   Le polignac au café de Flore.
  3384   Portrait de S. Martougen.
  3385   Portrait de M. Derudder.

3386 Portrait de M. Jarlot.
3387 Etude.
3388 Pornic.
3389 Marée montante (étude).
3390 Le Dante et Virgile aux enfers (esquisse).

MARVAL (Mme), née à Paris. — 9, rue Campagne-Première, Paris.

3391 Les poupées (appartient à M. Vollard).
3392 Les cigales (appartient à M. Vollard).
3393 Le fils du roi (appartient à M. Vollard).
3394 La rieuse, étude pour le printemps (appartient à M. Vollard).
3395 Les joueuses (appartient à M. Vollard).
***3396** La duchesse de Montbazon.
3397 Le jardin du bonheur (fragment).

MASSOUL (Félix), né à St-Germain (Seine-et-Marne). — 17, rue des Pivoines, Alfortville (Seine). — En collaboration avec Mme Massoul.

***3399** Vitrine contenant huit vases flammés mats, six vases émaux égyptiens bleus et violets et un vase reflet métallique cuivreux.

MASURE (Georges-Paul), né à Paris. — 14, rue Borromée, Paris.

***3400** Marchande de fleurs.
***3401** Etude.
***3402** Nature morte.

*3403 Ruisseau.
*3404 Poigny (Seine-et-Oise).
*3405 Coin d'atelier.
*3406 Les peupliers.
*3407 Chemin sous les chênes.

MATHAN (Raoul de), né à Albi (Tarn). — 10, rue d'Orchampt, Paris.

*3408 L'accusateur (cour d'assises).
*3409 Le banc des accusés à la correctionnelle.
*3410 Cour d'assises (esquisse).
*3411 Cours d'assises (dessin).
*3412 La femme nue (esquisse).
*3413 Dessin.

MATISSE-AUGUSTE (Philippe), né à Nevers (Nièvre). — 2, rue Méchain, Paris.

3414 Les blés.
3415 Le flot.
3416 Le grain.
3417 Coucher du soleil.
3418 Rentrée des barques.
3419 Marine.
3420 Temps gris.

MATRAS (Henri), né à Montbéliard (Doubs). — 11, rue Louis-Morard, Paris.

3421 Une place de marché.
*3422 La brodeuse (intérieur).

*3423 Soleil couchant.
*3424 Le Mans.
*3425 Environs du Mans (Sarthe).
*3426 Environs de Paris.
*3427 Effet d'hiver.
*3428 Le Luxembourg.

MAUPRAT (Henri), né à Paris. — 81, boulevard
Saint-Michel, Paris.

*3429 La Saire.
*3430 Le raz de Gatteville.
*3431 Le carrefour aux lièvres.
*3432 Le soir sur les grêves.
*3433 Bagatelle.
*3434 Vieux pont d'Anneville.
*3435 Maître de la mer (Portrait de M. Louis R.)
*3436 Au pays de Millet.

MAY (Philip), né à Hampton Wick. — 16, rue Chappe,
Paris.

*3443 L'amour fait des siennes.
*3444 Un vieux coin de Venise.
*3445 Rio Van Axel, Venise.
*3436 " Jeune le jour, comme l'Amour ".
*3437 La caresse du soir.
*3438 Coucher du soleil à Saint-Tropez.
*3339 " Il y avait une bergère ".
*3440 Trois études (Billiers et 2 Venise).

MAYENNE (Eugène), né à Paris. — 14, rue Chanoinesse, Paris.

3441 La plaine.
3442 Maison bretonne.
3443 La Seine à Saint-Pierre-du-Vauvray.

MAYER (Maxime), né à Paris. — 164, avenue de Versailles, Paris.

*3444 Etudes de fruits.
*3445 Etudes de fleurs.
*3446 Etudes de fleurs.
*3447 Fruits.
*3448 Dernières violettes, premiers muguets (Meudon, 1905).
*3449 Chrysanthèmes.
*3450 Roses d'été, roses d'automne.
*3451 Portrait de Maxime Mayer fils.

MAYNARD (Guy), né aux Etats-Unis. — Montigny-sur-Loing (Seine-et-Marne).

*3452 Portrait d'homme endormi.
*3453 Nature morte.
*3454 Nature morte.
*3455 Nature morte.

MAYNARD (Mlle Lucienne-Juliette), née à Niort (Deux-Sèvres). — 4, rue du Tourniquet, Niort (Deux-Sèvres).

*3456 Fileuse au rouet.
*3457 Portrait de Mlle A. F. de P...
*3458 Marais salants du Plomb.

*3459 Angoulins (plage).
3460 Le Val d'Enfer (aquarelle), appartient à
    Mme S...
*3461 Au bord du Thouet.
*3462 Château de Villènes.

MAZARD (Alphonse-Henri), né à Paris. — 117, rue
Notre-Dame-des-Champs, Paris.

*3463 La maison aux pavots.
*3464 La nuit.
*3465 Moisson à Aubin (Seine-et-Oise).
*3466 La Viallerie de Boigny (Seine-et-Oise).
*3467 Crépuscule.
*3468 Printemps, Les Murs (Seine-et-Oise).
*3469 Les Diziaux.
*3470 Le soir.

MÉCHAIN (Louis), né à Saintes (Charente-Inférieure).
— Villa des Acacias, à Clamart (Seine).

*3471 Coin de village.
*3472 Un ruisseau.
*3473 Le sentier dans la Lande.
*3474 Lisière de bois, le matin.
*3475 Matinée d'avril.

MÉTHEY (André), né à Laignes (Côte-d'Or). — 3, rue
du Maine, Asnières, et 6, rue Laffite, Paris.

*3476 Vitrine (grès).
*3477 Vitrine (grès).

METZINGER (Jean), 160, rue du Faubourg-Saint-Martin, Paris.

*3478 Audierne.
*3479 Marine (Le Croisic).
*3480 Marine.
*3481 Le paon.
*3482 Falaises de Longues.
*3483 Étude.
*3484 Étude.
*3484 *bis* Paysage.

MEUGENS (Mlle Sibyl), née à Calcutta. — 17, rue Campagne-Première, Paris.

*3485 Seize esquisses de Seaford Bluff.
*3486 Six marines.
*3487 Six études.
*3488 Femmes au perroquet.
*3489 Seaford Bluff.
*3490 Leda.
*3491 Baptème de Jésus-Christ.
*3492 La résurrection de Lazare.

MEUNIÉ (Paul-Henri), né à Paris. — 16, rue de Chazelles, Paris.

*3493 Les abords d'une scierie, à Gérardmer (Vosges).
*3494 Dans le jardin (étude).
*3495 Un camp d'alpins dans les Vosges.
*3496 La plage de St-Georges-de-Didonne.
*3497 Les rochers de Vallières, à Royan.

***3498**   La baie de Royan, vue des îlots de
Vallières.
***3499**   Le sureau en fleurs (parc de St-Cloud).
***3500**   Coin d'étang, à Saint-Cucufa.

MEUNIER (Philippe-Emile), né à Fourchambault
(Nièvre). — 3o, rue de Lyon, Paris.

***3501**   Vieux canal de Baccarat.
***3502**   Pont d'Etain (Meuse).
***3503**   La Meurthe, à Baccarat.
***3504**   La Meurthe, à Baccarat.
***3505**   Pont de Baccarat.

MICHAUD-COMTE (Mme Marie), née à Lyon (Rhône).
— 8, rue de la Grande-Chaumière, Paris.

***3506**   Prière pour les absents.
***3507**   Rêve maternel.
***3508**   Premiers sourires.
***3509**   Environs de Paris.

MICHELIN (Henri), né à Valognes (Manche). — 41, rue
Bayen, Paris.

***3510**   Lever de soleil sur l'océan (automne).
***3511**   Effet de lune au crépuscule sur mer.
***3512**   Effet de lune à Saint-Malo.
***3513**   Au large sur la Manche.
***3514**   Océan l'hiver.
***3515**   Lever de soleil (marine).
***3516**   Mer d'azur (été).
***3517**   Méditerranée (côtes de Sicile).

MIGNON (Lucien), né à Angers (Maine-et-Loire). —
51, rue du Cardinal-Lemoine, Paris.

*3518   Jeune fille nue, couchée.
*3519   La tétée.
*3520   La plaine des Trembleaux, à Montigny-
        sur-Loing (peinture à l'huile).
*3521   La cathédrale et les quais (effet du soir),
        (pastel).
*3522   Tête de jeune fille (pastel).
*3523   La tétée (pastel).
*3524   Carrefour de l'Enfer, à Montigny-sur-
        Loing (peinture huile).
*3524 bis   La cathédrale et les quais (effet du
            du soir).

MIGNOT (Victor). — 3, rue Leclerc, Paris.

*3525   Ploaré (Finistère).
*3526   Une cause célèbre.
*3527   Le désabusé.
*3528   La vieille presse.
*3529   Panneau avec estampes en couleur.
*3530   Nature morte.
*3531   Le secret (estampe).
*3531 bis   Roses fanées (nature morte).

MILLARD (Ernest-Jean-Marie), né à Paris. — 7, boulevard Arago, Paris.

*3532   Gemma (aquarelle décorative).
*3533   Le basilic (aquarelle décorative).

***3534** Doux rêve (aquarelle décorative).
***3535** Songe macabre (aquarelle décorative).
***3536** Le Pont-Neuf (aquarelle).
***3537** Saint-Malo (aquarelle).
***3538** Arquebusier sous Henri IV (aquarelle).
***3539** L'entrée du village (peinture).

MILLE (Albert-Jean-Louis), né à Constantinople. —
23, boulevard Gouvion-Saint-Cyr, Paris.

3540 Portrait de Mme W...
3541 Portrait de M. L. B...
***3542** Gya Sophia, de Constantinople.
***3543** Le château des Sept-Tours, à Constantinople.
***3544** Le château des Sept-Tours, à Constantinople.
***3545** Étude.
***3546** Ma vigne, au Bosphore.

MILLIARY (Paul), né à Paris. — 15, rue de Naples,
Paris.

***3547** Coin d'étang (coucher de soleil), pastel.
***3548** Le petit bois (automne), pastel.
***3549** Clair de lune (l'Aubette, Meulan), pastel.
***3550** Vieux moulin en Normandie (pastel).
***3551** Ramasseuse de bois mort (pastel).

MILLOT (Eugène-Charles), né à Paris. — 201, rue de
Paris, Charenton.

*3552   Église de Vitry, le chevet.
*3553   Église de Vitry, la nef.
*3554   Roses trémières.
*3555   Bords d'étang, matin.
*3556   Moyettes, temps gris.
*3557   Le jardinier.

MINARTZ (Tony). — 37, rue Fontaine.

*3558   Dans sa voiture.
*3559   L'entr'acte.
*3560   Les mulatresses.
*3561   La chanteuse comique.
*3562   Spectatrices.
*3563   La dame au boa.
*3564   Nocturne.
*3565   Nocturne.

MION (Louis), né à Lyon. — 20 *bis*, rue Gravel, à Levallois et 29, avenue Gambetta, Valence (Drôme).

*3566   Porquerolles le soir, Méditerranée.
*3567   La falaise le matin, Méditerranée.
*3568   Le port le matin, Méditerranée.
*3569   La vague, Méditerranée.
*3570   La baie le matin, Méditerranée.
*3571   La crique, mer agitée, Méditerranée.
*3572   Fonds verts, Méditerranée.
*3573   Vitrine de grès flammés (10 vases, 2 bon-
          bonnières, 1 encrier).

MONKS (Robert-Hatton), né à Boston Mass (États-Unis
d'Amérique). — Deurle, Flandre-Orientale (Belgique).

*3574 Irma.
*3575 Nature morte.
*3576 Portrait d'une jeune fille.
*3577 Les Moyettes, midi
*3578 Au bord de la Lys, été.
*3579 Les petites maisons.
*3580 Dans les champs, soir.

MONNET (Joannès), né à Lyon. — 65, rue Sainte-
Anne, Paris.

*3581 Montagnes (Haut-Bugey).
*3582 La rivière l'Ain.
*3583 Saint-Cloud, automne.
*3584 Dessous de bois.
*3585 Vieille rue.
*3586 Baraques foraines.
 3587 La mare.
 3588 Études groupées.

MONTAG (Charles), né à Wintherthur (Suisse). —
60, rue de Douai, Paris.

*3589 Mimosa.
*3590 Anémone.
*3591 Giroflée jaune.
*3592 Tulipe.
*3593 Giroflée rose.
*3594 Giroflée rose.

MONTENEGRI (Mme Jeanne), née à Naples. — 110, boulevard de Clichy.

*3595   Impression de Cernay.
*3596   Impression de Cernay.
*3597   Impression de Cernay.
*3598   Impression de Cernay.
*3599   Impression de Cernay.
*3600   Impression de Cernay.
*3601   Naples, le golfe.
*3602   Un tour à Capri (Naples).

MONTGIVAL (Charles), né à Paris. — 1, rue Théophile-Gautier, à Neuilly-sur-Seine).

3603   Confidence (aquarelle).
3604   Sur la dune à Westcapelle (Wacheren), aquarelle.
3605   Sur la plage, à Dombourg (Wacheren), aquarelle.

MONTIGNY (Mlle Jenny), née à Gand (Belgique). — Rustoord-Deurle, par Gand.

*3606   Avril (midi).
*3607   Roses.
*3608   Soir de septembre.
*3609   Automne.

MOREAU (Pierre-Louis), né à Paris. — 5, rue de
Bagneux.

  *3610   Figure nue.
  *3611   Le Parc de Saint-Cloud.
  *3612   Paysage breton.
  *3613   Vue de Ploubazlanec (C.-du-Nord).
  *3614   La vasque (Jardin du Luxembourg).
  *3615   La cour du dragon, Paris.
  *3616   Paysage breton.
  *3617   Les roches du Paon (Bréhat).

MOREROD (Edouard), né à Aigle (Suisse). — 103, rue
Caulaincourt, Paris.

  *3618   Types gitanes (Espagne).
  *3619   Orateur anarchiste.
  *3620   Etude d'ouvrier.
  *3621   Aveugle (Espagne).
  *3622   Types valaisans.
  *3623   Temps gris (Valais).
  *3624   Valaisane.
  *3625   Glacier (Valais).

MORIN (Fernand), né à Saint-Aubin-de-Baubigné. —
90, rue Lepic, Paris.

  *3626   L'entrée du port de Donelan.
  *3627   Paysage de Pont-Aven.
  *3628   Coucher de soleil à Roguenes.

*3629 Rentrée de bateau à Audierne.
*3630 Un marché à Pont-Aven (pochade).
*3631 Procession à Pont-Aven (pochade).
*3632 La chapelle de Saint-Fiacre.
*3633 Paysage à Audierne (marché).

MORITZ (Henri), né à Huningue (Haut-Rhin). — 13, rue de Suez, Paris.

3634 Nature morte, homard.
3635 Nature morte, melon.
3636 Nature morte, pommes.
3637 Nature morte, raisin et pomme.
3638 Pâturage normand, soleil couchant.
3639 Pâturage normand, vaches.
3640 Pâturage normand, moutons.
3641 Pâturage normand, moutons.

MOUJON-GAUVIN (Mme Eugénie), née à Pontoise. — 4, faubourg du Temple, Paris.

*3642 Ferme à Vichy (Allier).
*3643 Ferme à Osny (Seine-et-Oise).
*3644 Eglise d'Osny (Seine-et-Oise).
*3645 Eglise Saint-Médard.
*3646 Entrée de l'hôpital Saint-Louis.
*3647 Coin de l'hôpital Saint-Louis.
*3648 Pavillon Henri-IV (pastel).
*3649 Pont-Marie.

MOURLAN (Albert), né à Paris. — 11, rue des Acacias,
Villemomble (Seine).

*3650   Transposition décorative.
*3651   Coin de parc.
*3652   Coin de parc.
 3653   Portrait de ma mère.
*3654   Intérieur.
*3655   Intérieur.
*3656   Coin de parc.
*3657   Les nounous (étude).

NAMUR (Madeleine P. F.), née à Paris. — 28, rue
Marbeuf, Paris.

*3658   Fleurs.
*3659   St-Marc (Venise).
*3660   Parc de Versailles.
*3661   Fin de jour à Venise.
*3662   Coucher de soleil à Venise.
*3663   La Dogana pendant l'orage.
*3664   Intimité.
 3665   Intérieurs.

NAMUR (Paul-Franz), né à Valenciennes. — 28, rue
Marbeuf, Paris.

*3666   Arc-en-ciel sur la Dogana.
*3667   Enterrement à Venise.
*3668   La salle de jeux à Monte-Carlo.
*3669   Le jardin public à Venise.

***3670** Pesage.
***3671** Le grand canal à l'heure du marché.
***3672** Saint-Marc, Fête de la Vierge.
***3673** Fête de la Salute à Venise.

NANTEUILLE (François-Antoine), né à Paris. — 82, rue Claude-Bernard, Paris.

Aquarelles :
3674 Vieux-Château à Dieppe.
3675 Vieille maison à Vallangoujard (Oise).
3676 Laveuses à Bois-le-Roi (S.-et-M.).
3677 Nature morte (Huile).
3678 Bords de la Marne à Château-Thierry.
3679 Sous-Bois, cerf et biche au ruisseau.
3680 Eglise de St-Crépin (Oise).
3681 Sentier à Viroflay (S.-et-O.).

NEHRING (Gertrud C. S.), né à Wilhelsmsruh. — Berlin W. Nettelbeckstrasse, 23.

***3682** Cabane de pêcheur à Pirhetsdorf.
***3683** Petit coin à Postdam.
***3684** Gufidaun-Fyrol.
***3685** Soleil d'été à Gufidaun.

NICOLAS (Auguste-Jules), né à Brest. — 1, place de l'Isle de Kerléau à Brest.

***3686** Méditation (pastel).
***3687** Raisins (peinture).
***3688** Raisins (peinture).

NICOLET (Gaston), né à Paris. — 55, rue Rennequin, Paris.

***3689**   Effet de houle.

***3690**   Mer étale.

***3691**   La route gazonnée, Grandjean (L. et G.).

***3692**   Chemin couvert (effet d'automne).

***3693**   Entrée du village, Grandjean (L. et G.).

***3694**   Mer descendante.

***3695**   La pêcherie abandonnée (Agon).

***3696**   Le grand Klerbet, marée basse (Agon).

NION (Henri de), né à Tanger (Maroc). — 49, allée des Bosquets, au Raincy (Seine-et-Oise).

***3697**   Sologne (aquarelle).

3698   Rade de Lorient (appartient à M. O., du Raincy).

***3699**   Tombée du jour (aquarelle).

***3700**   Filets bleus et voiles rouges à Concarneau (aquarelle rehaussée de crayon).

3701   Bords de Seine (aquarelle, appartient à J. Jammes, de Nantes).

***3702**   Ile de la Jatte (Asnières) (aquarelle).

3703   Gros temps à Gàvres (Morbihan) (aquarelle gouachée), appartient à M. O., du Raincy).

***3704**   La lessive à Cailley-sur-Eure (aquarelle).

NOBLOT (Marcel), né à Metz. — 18, impasse du Maine, Paris.

*3705   Les châtaigniers de Vervy (Creuse).
*3706   Paysage à Fresselines (Creuse).
*3707   La mare de la Pouge (Creuse).
*3708   La montée du village à Fresselines.
*3709   Paysage.
*3710   Le hameau (Creuse).
*3711   Le presbytère, Fresselines.
*3712   Intérieur (Creuse).

NONELL-MONTURIOL, né à Barcelone (Espagne). — 5o, rue Baja de San Pedro, Barcelone.

*3713   La Chinina.
*3714   Angustias.
*3715   Gertrudis.
*3716   La Chaparro.
*3717   La Morena.

NORLIND (Ernst), né à Ahlstad (Suède). — 9, rue Campagne-Première, Paris.

*3718   La cigogne.
*3719   Automne.
*3720   Chevalier.
*3721   Printemps (lithographie).
*3722   Soir (lithographie).
3723   Etude de tête.

NUMA-GILLET (François), né à Bordeaux (Gironde).
— Montigny-sur-Loing (Seine-et-Marne).

*3724   Effet de couchant vers les côtes bre-
        tonnes.
*3725   Une femme et une pieuvre.
*3726   La Bretagne dorée.
*3727   La Bretagne grise.
*3728   Le petit mur au-dessus de la grève.
*3729   Temps gris en Corrèze (pastel).
*3730   Paysage armoricain.
*3731   Matinée d'été à Montigny.

O'CONOR (Roderic), né en Irlande. — 102, rue du
Cherche-Midi, Paris.

*3732   Boulevard Raspail.
*3733   Marée montante.
*3734   Vue de Pont-Aven.
*3735   Le Barrage, à Montigny.
*3736   Un gué sur le Loing.
*3737   Le Loing, à Montigny.
*3738   Le soir, à Montigny.

OFFNER (G.), né à Nanterre (Seine). — 40, rue Voltaire
à Saint-Germain-en-Laye (Seine-et-Oise).

*3739   Coin de falaise, septembre.
*3740   Vieille maison, neige.
*3741   Mer, matin, après l'orage.
*3742   Matin de brume, novembre.
*3743   Les meules, matin.

OLIVIER (Ferdinand-Adolphe), né à Martignes (Bouches-du-Rhône). — 7, boulevard Arago, Paris.

*3744   Maisons de pêcheurs, Provence.
*3745   Maisons de pêcheurs, Provence.
*3746   Maisons de pêcheurs, Provence.
*3747   La maison au figuier, Provence.
*3748   Le bateau rose, Provence.
*3749   La place à la fontaine, Provence.
*3750   La maison branlante, Provence.
*3751   Le clocher d'or, Provence.

OLLIVIER (Félix), né à Guingamp (Côtes-du-Nord). — 30, quai du Louvre, Paris.

*3752   La cale du Pouliguen.
 3753   Soleil couchant, Saint-Quay.
*3754   Clair de lune, Saint-Quay.
*3755   Le sémaphore de Saint-Quay.
*3756   Portrieux.
*3757   La tour Solidor, Saint-Servan.
*3758   La chapelle Sainte-Barbe, Roscoff.
*3759   L'Étang.

OTT (Lucien), né à Paris. — 23, rue de Crosnes, Villeneuve-Saint-Georges.

*3760   Prairies à Rouvray.
*3761   Saules (prairies de Montgeron).
*3762   Saules (prairies de Montgeron).
*3763   Saules (prairies de Montgeron).
*3764   Bords de Seine à Villeneuve.
*3765   Ferme de Kerterouërn à Loguivy.
*3766   Le Trieux (Bretagne).

OTTMANN (Henry), né à Ancenis (Loire-Inférieure). —
9, quai d'Anjou, Paris.

*3767   Intérieur.
*3768   Intérieur.
*3769   Giroflées.
*3770   Nature morte (fleurs).
*3771   Square et intérieur.
*3773   Jeune femme cousant.
*3774   Aux Tuileries.
*3775   Place de la Bastille.

OTTOZ (Emile), né à Paris. — 7 *bis*, rue Duperré,
Paris.

*3776   Après-midi d'été à Avuers.
*3777   Matinée d'été.
*3778   L'Oise à Méry.
*3779   Matinée de septembre à Auvers.
*3680   Le matin au bord de l'Oise.
*3781   La vieille route à Chaponval.
*3782   Coup de soleil après la pluie.
*3783   Avant l'orage.

OULÈS (Henri-Joseph-Martin-Paul), né à Castres (Tarn).
— 72, boulevard de Port-Royal.

*3784   Forêt de Fontainebleau.
*3785   Forêt de Fontainebleau.
*3786   Bords de Seine à Hericy.
*3787   Bords de Seine à Hericy.

*3788 Paysages bretons.
*3789 Marée montante à Etaples.
*3790 Bords de forêt (Fontainebleau).
*3791 Paysage breton.

PADILLA (Claudio), né à Grenade (Espagne). — Chez M. Frédéric Lauth, 36, rue d'Assas, Paris.

*3792 El puente (le pont).
*3793 Nuit dans la sierra
*3794 Pancorbo.
*3795 Les citadelles (Aragon), appartient à Mme A. R...
*3796 Soleil couché.
 3797 Nublado (nuageux) appartient à Mme L.S...
*3798 Soir (faubourg de Cordoue).
*3799 Clair de lune.

PAERELS (Willem), né à Delft (Hollande). — 19, rue Claessens, Bruxelles.

*3800 Le déjeuner.
*3801 Matin d'avril.
*3802 Neige.
*3803 Etude de neige.
 3804 Plage, appartient à M. C. Brun.
*3805 Temps gris.
*3806 Etude.
*3807 Marine.

PAILLER (Henri), né à Poitiers (Vienne). — 2, passage de Dantzig, Paris.

*3808   Vieilles maisons au bord de l'Our, Vian
          deu.
*3809   La maison de Victor Hugo (1870),
          Viandeu.
*3810   Après-midi d'août, Viandeu.
*3811   Matiné de septembre, Viandeu.
*3812   Temps gris, Viandeu.
*3813   Une ruelle de Viandeu.
*3814   Les tanneries de Viandeu.
*3815   La maison de Victor Hugo.

PAILLET (Fernand), à Niort (Deux-Sèvres). — 6, boulevard de Clichy, Paris.

*3816   Charmeuse.
*3817   Coquetterie.
*3818   Idylle.
*3819   Printemps.
*3820   A qui ? pastel.

PALLIER (René), né à Limoges. — 16, rue de Chabrol, Paris.

3821   Portrait d'enfant.
3822   Portrait dans un jardin.
3823   Petite fille mangeant sa soupe.
*3824   Nature morte.

PALMIÉ (Charles-J.), né à Munich (Bavière). — Ba-
rerstr. 48III, Munich (Bavière).

 *3825   Un rayon du soleil.
 *3826   Ville couverte de neige.
 *3827   La plage à Veules-les-Roses.
 *3828   Paysage d'hiver. I.
 *3829   Paysage d'hiver. II.
 *3830   Paysage d'hiver. III.
 *3831   Paysage d'hiver. IV.

PARMENTIER (Georges), né à Paris. — 85, rue de la
Roquette. Paris.

 *3832   Cuivre et lilas.
 *3833   Coin de parc.
 *3834   Cuivre et roses.
 *3835   Violettes et mimosas.
 *3836   Œillets.
 *3837   Iris en éventail.

PATAY (Alexandre), né à Nantes. — 18, impasse du
Maine, Paris.

 *3838   Au printemps, jardin du Luxembourg.
 *3839   Sur la terrasse, jardin du Luxembourg.
 *3840   Temps gris, jardin du Luxembourg.
 *3841   Le bassin, jardin du Luxembourg.
 *3842   La statue du parterre, jardin du Luxem-
          bourg.
 *3843   Près du bassin le soir, jardin du Luxem-
          bourg.

***3844** La statue (automne), jardin du Luxembourg.
***3845** Nature morte.

PATTERSON-AMBROSE (Mme Carthy), née à Daylesford (Victoria, Australie). — 1, rue Leclerc, Paris.

***3846** Huit études.
***3847** Steeple-chase.
***3848** Bal.
***3849** La plage, cailloux.
***3850** Vieilles maisons, à Saint-Brieuc.
***3851** Matin au bord de la mer.
***3852** Café sur la plage.
***3853** Intérieur de l'atelier.

PAUL (Emile). — 19, rue Véron, Paris.

***3854** Rivière et clocher en Normandie.
***3855** Prairie en Normandie.
***3856** Prairie en Normandie.
***3857** Route de Saint-Denis.
***3858** Bords de l'Epte.
***3859** Les foins coupés.
***3860** Clos normand.

PAULTRE (Georges), né à Châteaudun (Eure-et-Loir). 68, rue Lhomond, Paris.

3861 Tapisserie (La chasse).
3862 Patron de tapisserie.

PAVILLS (Elie), né à Odessa (Russie). — 22, rue de
la Tour-d'Auvergne, Paris.

*3863   A la ligne.
3864   Allée de jardin.
*3865   Fin d'un jour d'automne.
3868   Le canal de la Villette.
3869   Le canal Saint-Martin.
3870   Le pont de Neuilly.

PAVIOT (Louis). — 63, rue Caulaincourt, Paris.

*3871   La toilette.
*3872   Square de la Trinité.
*3873   Site agreste, matinée d'octobre.
*3874   Terrasse de café à Montmartre.
*3875   Le modèle, coin d'atelier.
*3876   Intérieur.
*3877   Nature morte, grenades et anémones.
*3878   Jardin et vieille demeure.

PECCATTE (Charles), né à Baccarat. — 27, rue Thu-
rin, Saint-Dié.

*3879   Feux du soir.
*3880   La vallée.
*3881   La route.
*3882   Sous bois.
*3883   Le négondo.
*3884   Terres rouges.
*3885   Matin.
*3886   Les îles.

PELOSI (Pascal), né à Paris. — 16, boulevard Edgar-Quinet, Paris.

- *3887 Léda
- *3888 Evocation.
- *3889 Un pin sur la plage de Moulleau (Arcachon).
- *3990 Gavarnie.
- *3891 La plage de Moulleau, Arcachon.
- *3892 La croix des naufragés au cap Ferret, Arcachon.
- *3893 Une route de Mousseaux (Seine-et-Oise).
- *3894 Retour des champs.

PELTIER (Léon), né à Paris. — 13, rue Rouget-de-l'Isle, Asnières (Seine).

- *3895 Le vieux saule, Vétheuil.
- *3896 Le matin, Vétheuil.
- *3897 Vue de Vétheuil.
- *3898 Le bord de l'eau, Vétheuil.
- *3899 Dans l'île, Vétheuil.
- *3900 La rue Rouget-de-Lisle, Asnières.

PENOT (Eugène-Édouard), né à Pithiviers. — 25, rue Cail, Paris.

- *3901 Les Arloings (Allier).
- *3902 Creuzier-le-Vieux (Allier).
- *3903 Les Bussonets (Allier).
- *3904 La Montagne Verte (Vichy).

*3905 La Vieille Grange.
*3906 La route de Cusset (Allier).
*3907 La maison du cantonnier.
*3908 Sur les sables, le matin.

PERCHERON (S.), né à Paris. — 6, rue Vintimille, Paris.

*3909 Pyramides de Port-Coton (Belle-Isle-en-Mer).
*3910 Bateaux sardiniers à Sauzon (Belle-Isle-en-Mer).
*3911 Sinagots dans la mer intérieure (Morbihan).
*3912 Lever de lune (Belle-Isle-en-Mer).
*3913 Maisons de pêcheurs.
*3914 Port-Coton, côte sauvage (Belle-Isle-en-Mer).

PERELMAGNE (Wladimir), né à Saratow (Russie). — 35, rue de la Tombe-Issoire, Paris.

*3915 Femme au manteau, statuette.
*3916 Jeune fille aux roses, statuette.
*3917 Femme en manteau, statuette.
*3918 Femme au gant, statuette.
*3919 Femme en robe à traîne, statuette.
*3920 Femme à l'éventail (flirt), statuette.
*3921 Nécessité n'a pas de loi, statuette.

PÉRINET (Louis-André), né à Poissy. — 47, rue Crozatier, Paris.

*3922   Temps gris, île de Bréhat.
*3923   La prière à la croix de Modez, île de Bréhat.
*3924   Lavandière bréhatine.
*3925   Chaumières dans l'île de Bréhat, lever de lune.
*3926   Chaumières dans l'île de Bréhat.
*3927   La chapelle de la Trinité à Pors-Even.
*3928   Effet de soleil couchant, île de Bréhat.
*3929   Barques dans la brume.

PESKÉ (Jean de), né en Russie. — Bois-le-Roi (Seine-et-Marne).

*3930   Lavandière.
*3931   Femme au repos.
*3932   Vieille paysanne.
*3933   La fille à la cruche.
*3934   Intérieur.
*3935   Sous bois.
*3936   Femme écrivant.

PÉTERS-DESTÉRACT (Albert). — 32, rue Thiers à Pontoise (S.-et-O.).

*3937   La rafale.
*3938   Usine de prussiate.
*3939   Douarnenez.
*3940   Le Goyen à marée basse.

*3941 Bouquet de voiles.
*3942 Tombée de la nuit.
*3943 Gros temps.
*3944 Port de Douëlan.

PÉTINIAUD-DUBOS (Charles), né à Limoges). — 67, rue Rochechouart, Paris.

*3945 Neurasthénie.
*3946 Vive la grève.
*3947 Jeune mère.
*3948 La Bourrée.
*3949 Alençon, 16 janvier 1871.
*3950 Pile et face.
*3951 L'Instituteur en 1874 dirigeant les reconnaissances.

PETIT (Paul-Théodose), né à Lille (Nord). — 18, impasse du Maine, Paris.

*3952 Au palais de glace, Champs-Elysées.
*3953 Etude de rochers.
*3954 Rochers à Pen-Château.
*3955 Rochers à Pen-Château.
*3956 La plage, Le Pouliguen.
*3957 La plage, Le Pouliguen.
*3958 La plage, Le Pouliguen.
*3959 Un cadre contenant 9 notes de marine.

PETITJEAN (Hippolyte), né à Mâcon. — 29, rue Nansouty (villa du parc Montsouris), 5. Paris.

*3960 Printemps (panneau décoratif).

PEYRARD (Charles), né aux Lilas. — 5 bis, avenue Casimir, Asnières (Seine).

*3961   Fin de jour, vallée de l'Epte.
*3962   La meule.
*3963   Allée de sapins, forêt de Bizy.
*3964   Dans une île de la Seine à Vernon.
*3965   Allée fleurie.
*3966   Intérieur.
*3967   Bords de la Seine à Vernon.
*3968   Pivoines et bleuets.

PHILOSOPHOFF (Mlle A.), née à Saint-Pétersbourg (Russie). — Donville, par Granville (Manche).

3969   Portrait de Mme la comtesse de L. Rostopchine.
*3970   Etude « Inquiétude ».
3971   Fleurs (aquarelle).

PICART LE DOUX (Charles), né à Paris. — 48, rue Durantin, Paris.

*3972   Femme au parc.
*3973   Femme au corset.
*3974   Sur la plage.
*3975   Le corsage mauve.
*3976   La place Blanche.
*3977   Route normande, matin.
*3978   Quatre pochades.
*3979   Femme aux chrysanthèmes.

PICHET (Jean), né à Lyon. — 16, rue Paul-Chenavard,
Lyon.

 *3980 Chaponost (Rhône).
 *3981 Lever de lune au crépuscule.
 *3982 La route.
 *3983 Soleil couchant.
 *3984 Après la pluie.

PICHOT (Ramon), né à Barcelone. — 19, villa de la
Réunion, Paris.

 *3985 Vieillards.
 *3986 Fleurs et fruits.
 *3987 Gitane, pastel.
 *3988 Pépilla la Gitane, pastel.
 *3989 Ventas del Spiritu Santo, pastel.
 *3990 Retour de la corrida, eau-forte, épreuve
    unique.
 *3991 Jardin d'Espagne, eau-forte, tirage à
    3 épreuves.
 *3992 L'arbre du village, eau-forte, épreuve
    unique.

PIET (Fernand), né à Paris. — 38, rue Rochechouart,
Paris.

 *3993 Danseuses anglaises au bar de Tabarin.
 *3994 Marché aux légumes (Vannes).
 *3995 Lavoir hors la ville (Morlaix).
 *3996 Lavandières, rivière de Vannes, matin.
 *3997 Lavandières à Morlaix.
 *3998 Lavandières à Pontscorf.
 *3999 Lorientaises sur les remparts.
 *4000 Marché aux cochons (Yffiniac).

PILATRIE (Victor-Louis), né à La Ferté-Macé (Orne).
— 9, rue Falguière, Paris.

    *4001   Etude de rochers, Brehat.
    *4002   Paysage par temps gris, Brehat.
    *4003   Paysage et figure, Brehat.
    *4004   Vue de Montigny-sur-Loing.
    *4005   Etude de jardin.
    *4006   Etude de jardin.
    *4007   Nature morte.

PILICHO (Léna), né en Pologne. — 37, rue Denfert-
Rochereau, Paris.

    *4008   Printemps.
    *4009   Nocturne.
    *4010   Mère et enfants.
    *4011   Crépuscule.
    4012   Portrait d'un jeune compositeur.
    *4013   Baigneuses.
    *4014   Paysage.
    *4015   Paysage.

PILICHOWSKI (Léopold), né en Pologne. -- 37, rue
Denfert-Rochereau, Paris.

    4016   Portrait du grand rabbin Zadok Kahn.
    *4017   Vers l'exil.
    *4018   En prière.
    *4019   Fragment.
    *4020   Un coin de synagogue.
    *4021   Un moment de joie.
    *4022   Tête juive.
    4023   Vieille dame juive.

PION-PONVOSIN (Ernest), né à Thiverval (Seine-et-Oise). — 12, rue de Savoie, Paris.

*1024   L'évolution.
*1025   La pensée.
*1026   La cathédrale de Chartres.
1027   Portrait de chien. Appartient à M. Moret.
*1028   Mer sauvage, île de Ré.
1029   Portrait (appartient à l'auteur).
1030   M. M..., chimiste.
*1031   Étude : la surprise.

PIROLA (René, né à Paris. — 108, boulevard Magenta, Paris.

*1032   Les quais, Marseille.
*1033   Le marché, Marseille.
*1034   La rue, Marseille.
*1035   La poissonnerie, Marseille.

PISSARO-MANZANA, né à Paris.

*1036   Le port de Dieppe (pluie).
*1037   Dans mon jardin.
*1038   La Seine à Saint-Cloud (soleil).
*1039   La Seine à Saint-Cloud (temps gris).
*1040   Le port de Concarneau.
*1041   Le port de Concarneau (soleil couchant).
*1042   La Seine à Saint-Cloud (brouillard).
*1043   Figures dans l'herbe.

PLEHN (Mlle Alice), née à Kopitkowo (Prusse). —
79, boulevard Montparnasse, Paris.

*4044   Avenue, à Montreuil-sur-Mer.
*4045   Intérieur de l'église de l'Aucenois.
*4046   Vieille rue, à Bruges.
*4047   Etude de tête.
*4048   La petite tricoteuse.
*4049   Effet du soir, Etaples.
*4050   Clair de lune, Etaples.
*4051   Onze paysages, motifs de la Belgique et
         d'Etaples.

PLISSON (Georges-Edmond), né à Paris. — 29, rue
Descombes, Paris.

*4052   A sa toilette.
*4053   Ménagère hollandaise.

PLUMET (Jean), né à Mâcon. — 34, rue Lacroix, Paris.

*4054   Nature morte et fleurs.
*4055   Nature morte et fleurs.
*4056   Nature morte et fleurs.
*4057   La bagnole.
*4058   Le coin du jardin.
*4059   La promenade.
*4060   Coin de rue.
*4061   Coin de rue.

POLITTA (Eugène), né en Russie (Caucase). — 83, boulevard Montparnasse, Paris.

*4062 Mont-Kazbek (Caucase), le soir.
*4063 Le matin sur la mer.
*4064 Mont-Ouchba (Caucase).
*4065 Le matin en Petite-Russie.
*4066 Les environs de Novorossysk.
*4067 Le lever de la lune.
*4068 Clocher de village.
*4069 La mer.

PONCHIN (Antoine), né à Marseille. — 59, rue Caulaincourt, Paris.

*4070 Barques au repos.
*4071 Vieille Somme, Picquigny.
*4072 Les Martigues.
*4073 Une rue à Picquigny (Somme).
*1074 Effet d'automne.
*4075 Chaumières sur la Somme.
*4076 Soir à Picquigny.
*4077 Temps gris à Picquigny.

POPINEAU (Louis), né à Montauban. — 8, rue de la Glacière, Paris.

*4078 Déshabillé.
*4079 Matin de printemps (Luxembourg).
*4080 Coin de jardin, à Castelnau (Tarn).
*4081 Rue de village (Tarn).
*4082 Étude de nu.

*4083 Allée de jardin (Luxembourg).
*4084 Baigneuse.
*4085 Repos, étude.

POTIER (Raymond), né à La Ferté-sous-Jouarre. —
6, rue Cadet, Paris.

4086 Miarka.
*4087 Vers la liberté.
*4088 Arvor.
*4089 A Delacroix.

POTTNER (Emile), né à Salzburg (Autriche). —
M. H. Lomer, rue Notre-Dame-des-Champs, 72, Paris.

*4090 Portrait au jardin.
*4091 Intérieur.
*4092 Hélianthes.
*4093 Iris (fleurs).
*4094 Dame au bois.
*4095 Le marché.
*4096 Au miroir.
*4097 Les dunes.

POULAIN (Edmond), né à Bobigny. — 25, rue Gay-
Lussac, Paris.

*4098 Matinée de printemps, à Lascelle (Cantal)
*4099 Lever de lune au crépuscule, Sèvres.
*4100 Matinée à Saint-Cloud.
*4101 Après-midi d'été à Saint-Cloud.

POULLAIN (Edmond-Marie), né à Montebourg. —
Chez M. Hebert, 3, rue de Mirbel, Paris, et 42, rue
de Russie, Cherbourg.

* **1102** Le Frelamp'gi.
* **1103** Carrieurs.
* **1104** Jonquilles.
* **1105** Crépuscule.
* **1106** Bibelots sur une étagère.
* **1107** Après la pluie sous bois.
* **1108** Premier printemps.

POZIER (Jacinthe), né à Paris. — Eragny, par Gisors,
(Eure).

* **1109** Bords de l'Epte, au printemps.
* **1110** La Grand' Route, à Eragny-sur-Epte.
* **1111** Une cour, au printemps. à Eragny.
* **1112** Le bois de Kéramperchèke, environs de
          Pont-Aven (aquarelle).
* **1113** Ruines du Château de Rustéphan, envi-
          rons de Pont-Aven (aquarelle).
* **1114** Au printemps, à Eragny-sur-Epte.
* **1115** Un pré, à Eragny-sur-Epte.

PRINCE (Georges-Alphonse), né à Paris. — 4, rue
Tardieu, 4, Paris.

* **1116** Roses (huile).
* **1117** Etudes paysage.
* **1118** Boules de neige (huile).
* **1119** Pensées (aquarelle).
* **1120** Giroflées et Narcisses (aquarelle).

*4121 Œillets rouges (aquarelle).
*4122 Anémones (aquarelle).

PRINS (Pierre), né à Paris. — 35, rue Rousselet, Paris.

*4123 Meule de paille au soleil, à Sucy.
*4124 Meules au soleil, à Sucy, St-Evroult.
*4125 Vieilles meules, soleil couchant, Saint-Evroult.
*4126 Meule et trèfle rose, Saint-Evroult.
*4127 Meules et pommiers, soleil levant, à Sucy.
*4128 Meules de paille au soleil, à Sucy.
*4129 Vieille meule, temps de pluie, à Sucy.
*4130 Vieille meule, lever de lune à Sucy.

PRODHON (Emile), né à Paris. — 3, rue de Loos, Paris.

*4131 Le soir, Vaite (Haute-Saône).
*4132 Coucher de soleil, Vaite (Haute-Saône).
*4133 Eglise de Sesfontaines (Haute-Marne).
*4134 Les falaises du Tréport.
*4135 Etude, pastel.
*4136 Le petit bras de la Marne, Créteil.

PRZESMYCKA (Marja), né à Droblin. — 51, boulevard Montparnasse, Paris.

*4138 Etude.
*4139 Portrait de Mlle W.
*4140 Lilas.
*4141 Paysage du Bois de Boulogne.
*4142 Dehors.

PUY (Jean), né à Roanne. — 56, av. de Clichy, Paris.

4143 Femme endormie (appartient à M. Vollard, rue Laffite).
***4144** Petite faunesse dormant.
***4145** Méditante, femme nue.
***4146** L'été.
***4147** Torse de plâtre (étude).
***4148** La petite violoncelliste.
***4149** Femme demi-nue.
***4150** Paysage.

QUÉNIOUX (Gaston), né à Lambin (Loir-et-Cher). — 114, rue de Vaugirard.

***4151** Dans le jardin.
***4152** Le port de la Joliette (Marseille).
4153 Croquis au pastel (appartient à Mlle C.G.).
***4154** Croquis au pastel.

QUESNEL (Robert-Cam.), né à Paris. — 5, rue Coëtlogon, Paris.

***4155** Petits potins du matin (Béguinage de Bruges).
***4156** Etude (Côtes-du-Nord).
***4157** Etude (Côtes-du-Nord).
***4158** Canal à Venise.
***4159** Sur les quais (le soir) Bruges.
***4160** L'aurore.
***4161** « La tête à droite, Mesdemoiselles ! »
***4162** La rue des Arcs, Tunis.

QUINTINIE (Léon-Victor de la), né à Paris. — Chàlet des Clayes, par Villepreux (Seine-et-Oise).

*4163   La Carrière.
*4164   Les ruines.
*4165   La neige (le verger sous la neige).
*4166   La neige (le verger) fonte.
*4167   Maisons à l'entrée du bois.
*4168   La plaine.
*4169   La neige, la maison de l'apiculteur.
*4170   La neige (la route), fonte.

RABEY (René). — 72, rue Damrémont, Paris.

4171   Portrait.
4172   Plage.
*4173   Plage.
*4174   Plage.
*4175   Soleil couchant.
*4176   Le soir.
*4177   Trouville en octobre.
*4178   Nu.

RALLI-SCARAMANGA (Théodore), né à Londres. — 24, rue Bonaparte, Paris.

*4179   Portrait de lord William B...
*4180   Vieille rue Martigues.
*4181   Vieilles portes Martigues.
*4182   Paysage provençal.
*4183   Canal Martigues.
*4184   Soleil couchant Martigues.
*4185   Petite place Martigues.
*4186   Coin de place Martigues.

RAMEAU (Claude), né à Bourbon-Lancy. — Avenue
de la Gare, à Bourbon-Lancy (Saône-et-Loire).

* 1187   Ruines dans la montagne d'Uchon.
* 1188   Le pauvre bourg d'Uchon.
* 1189   Sous les platanes.
* 1190   Vieilles maisons au soleil.
* 1191   La prairie.
* 1192   Après-midi d'automne.
* 1193   Vue du haut d'une montagne (Morvan).
* 1194   Petit pré vert, temps gris.

RANFT (Richard), né à Genève. — Brou (Seine-et-
Marne).

* 1195   Au souffle d'avril.
* 1196   Masques.
* 1197   Le verger en fleurs.
* 1198   Sur la plage.
* 1199   Suzanne.
* 1200   La fillette bretonne.
* 1201   Départ pour la pêche.
* 1202   Le jardin du curé.

RANSON (Paul-Elie), né à Limoges. — 175, boulevard
Péreire, Paris.

* 1203   Châtaignier séculaire (Corrèze).
* 1204   Châtaigneraie (Corrèze).
* 1205   Les chênes verts (Charente).
* 1206   Derrière la maison du garde (Charente).
* 1207   Etude d'arbres (Charente).
* 1208   Bouquet d'arbres (croquis) (Charente).
* 1209   Sommet du Vignage (Forêt d'Ecouve).
* 1210   Clairière (Forêt d'Ecouve).

RAOUL (Marie-Edmond), né à Paris. — 18, rue de
Mesmes, Bougival (Seine-et-Oise).

> *4211   Étang de Saint-Cucufa.
> *4212   Joueurs de billes.
> *4213   Bougival (paysage).
> *4214   La passerelle (Bougival).
> *4214 bis   Jeunes ménagères (pastel).

RATEL (Edmond), né à Vincennes (Seine). — 103, rue
de Vaugirard, Paris.

> *4215   La Bièvre dans Paris (pastel).
> *4216   Mer triste (pastel).
> *4217   Le bassin de la Villette (pastel).
> *4218   La Seine à Auteuil (pastel).
> *4219   Soir, à Nangis (pastel).
> *4220   Croquis de théâtre (M. F...), pastel.
> *4221   Croquis de théâtre (M. L...), pastel.
> *4222   Croquis de théâtre (M. V...), pastel.

RÉAL (Daniel), né à Guitres (Gironde). — 12, rue du
Moulin-de-Beurre, Paris.

> 4223   Attaque d'infanterie.
> *4224   Bords du Lary.
> *4225   Jardins à Guitres.
> *4226   Sous bois.
> *4227   Ancien chemin sous bois.
> *4228   Coucher de soleil sur l'Isle.
> *4229   Une rue à Guitres.
> *4230   Tirailleurs.

REGOYOS (D río de), né à Asturies (Espagne). —
8, Trueba, Saint-Sébastien (Espagne).

 *4231 Église basque (matin de brume).
 *4232 Église basque (Le maïs, automne).
 *4233 Tuiles neuves.
 *4234 La balançoire.
 *4235 Rue en Biscaye.
 *4236 Feux de Bengale.

REYMOND (Carlos), né à Paris. — 5, avenue Bosquet,
Paris.

 *4237 Soir d'été en Provence.
 *4238 Bord de mer au soleil couchant (Saint-
    Tropez).
 *4239 La pointe, à Saint-Tropez (matin).
 4240 Intérieur.

RIBEAUCOURT (Jules), né à Maubeuge (Nord). —
5, rue Nobel, Paris.

 *4242 Marine, à Gravelines.
 *4243 Marine, à Gravelines.
 *4244 Marine, à Gravelines.
 *4245 Marine, à Gravelines.
 *4246 Marine, à Gravelines.
 *4247 Marine, à Gravelines.
 *4248 Marine, à Gravelines.
 *4249 Marine, à Gravelines.

RIBEMONT-DESSAIGNES (Georges), né à Montpellier.
141, rue Perronnet, Neuilly-sur-Seine.

*4250   Soir.
*4251   Ferréol.
*4252   Crépuscule rose et vert.
*4253   Mer grise.
*4254   Crépuscule sur la mer.
4255   Nuages et vagues. Appartient à M. G. Ku-
         gelmann.
*4256   Lune voilée.
*4257   Pins au bord de la mer.

RIBLET (Fernand), né à Florence (Italie). — 69, rue
Lepic, Paris.

*4258   Retour de l'école.
*4259   Bindolo florentin.
*4260   Type andalou.
*4261   Parc Monceau.
*4262   Ponthierry Pringy.
*4263   La Casaccia, Florence.
*4264   Saint-Miniato, Florence.
*4265   Saint-Spirito, Florence.

RIBOT (Mlle Louise), née à Fontenay-aux-Roses. —
3, rue des Garennes, Chatou (Seine-et-Oise).

*4266   La Normande.
*4267   La Bretonne.
*4268   Souvenir de ma famille.
*4269   Produits d'Auvergne.
*4270   Le Morion, nature morte.
*4271   L'Harmonicor, nature morte.

RICHARD (Marie-Joseph-Tristan), né à Rodez (Aveyron). — 35, rue Rousselet, Paris.

> **4272** Portrait de Mlle R. de D...
> *4273 Le joueur.
> *4274 A l'affût.
> *4275 Dans un atelier.
> **276** Portrait.
> *4277 Dans le brouillard.
> 1278 Dessin, portrait du docteur M...
> *4279 Dessin (pastel).

RIEMSCHNEIDER (Richard). — Villa des Perce-
Neige, aux coteaux de Saint-Cloud.

> *4280 Vieux chemin à Suresnes.

RICHTER (Irma), née à Paris. — 79, rue Notre-Dame-
des-Champs.

> *4281 Paysage breton.
> *4282 La femme de ménage.
> *4283 Poterie bretonne.
> *4284 Tulipes.
> *4285 Tête de femme.

RIOUX (Henri), né à Bois-Colombes (Seine). — 193, faubourg Poissonnière, Paris.

> 4286 Portrait.
> *4287 Dernier éclat.
> *4288 La neige tombe.

***1289** Gelée blanche.
***1290** Le quai.
***4291** Pluie d'été.
***4292** Sous bois.
***4293** Etude.

RIVAUD (Charles), né à Boismorans (Loiret). — 23, rue de Seine, Paris.

4294 Une vitrine contenant divers bijoux.

ROBIN (Maurice-Louis-Ange), né à Paris. — 83, rue de Paris, Boulogne-sur-Seine.

***4295** Deux rues à Grenelle, lithographies.
***4296** La rue de Buci, dessin.
***4297** Nocturnes, dessins.
***4298** Croquis divers en noir et en couleurs.
***4299** Sur les quais, dessins.
***4300** La Seine au quai d'Issy, dessin.
***4301** La cathédrale, peinture.
4302 Portrait d'Aimé Méric, peinture.

ROBINEAU (Edouard-Gabriel), né à Paris. — 5, quai de Montebello, Paris.

***4303** Fleurs, panneau décoratif.
***4304** Etude de hêtre (forêt de Fontainebleau).
***4305** Rue de village.
***4306** Long-Rocher (forêt de Fontainebleau).

***4307** Effet de matin, temps gris (forêt de Fontainebleau).

***4308** Bouleaux sur nuage (forêt de Fontainebleau).

***4309** Bouleaux à la Mer-de-Sable (forêt de Fontainebleau).

ROBERTY (André-Félix), né à Paris. — 3, place Constantin-Pecqueur, Paris.

***4310** La Marne vue du pont de Chennevières.

***4311** La Marne à Chennevières.

***4310** Effet de neige.

***4313** Réveil.

***4314** Future étoile.

***4315** Tulipes.

***4316** Roses.

***4317** Nature morte.

ROBY (Gabriel), né à Bayonne (Basses-Pyrénées). — 32, rue de l'Arbalète, Paris.

***4318** Vallée de la Nive (pays Basque).

***4319** Gorges de la Nive (pays Basque).

***4320** Gorges de la Nive (pays Basque).

***4321** Maison blanche (pays Basque).

***4322** Orage en montagne (pays Basque).

***4323** Iles Sanguinaires, Corse (pastel).

***4324** Devant l'auberge (pays Basque).

***4324** *bis*, Jardin corse.

RODIGUE (Gabriel), né à Paris. — 4 bis, rue d'Estrées,
Paris.

 *4325 Bord de Seine.
 *4326 Petite ouvrière.
 *4327 La lettre.
 *4328 Méditation.

RODO (Ludovic). — 18, impasse du Maine, Paris.

 *4329 Gens de Paris (croquis).
 *4330 Gens de Paris (croquis).
 *4331 Dames à un bar.
 *4332 Un coin de boulevard.
 *4333 Au bal.

ROGERON (Fernand), né à Paris. — 3, rue Henri-Pigeon, Asnières (Seine).

 *4334 La Charentonne à Bernay.
 *4335 Cernay, bois des Maréchaux.
 *4336 Matin d'automne.

ROLL (Marcel-Philippe), né à Paris. — 145, avenue de
Villiers, Paris.

 *4337 La naine.
 *4338 Etude.
 *4339 Coin de jardin.
 *4340 Le jardin.
 *4341 Pivoines.
 *4342 La clairière.
 *4343 Sous bois.
 *4344 Brouillard.

ROSE (Amédée), né à Etivey (Yonne). — Pontaubert,
par Avallon (Yonne).

*4345 Effet de soleil d'automne à Pontaubert.
*4346 Le pont de Pontaubert en aval.
*4347 Un coin de quartier de l'église à Vault-
de-Lugny.

ROSENBERG (J.), né à Paris. — 7, rue de Montholon,
Paris.

*4348 Salle François Ier, Cluny.
*4349 Un coin du musée Carnavalet.
*4350 Bassin de Diane à Versailles.
*4351 Armes et trophées (escalier de Cluny).
*4352 Salon de Mme de Sévigné (musée Carna-
valet).
*4353 Intérieur de St-Germain-l'Auxerrois.
*4354 Tête d'étude.

ROUART (Ernest), né à Paris. — 235, faubourg Saint-
Honoré, Paris.

*4355 Femme à sa toilette.
*4356 Femme nue dans un paysage.

ROUAULT (Georges), né à Paris. — 14, rue de La
Rochefoucauld, Paris.

*4357 Trois études pour les Trois Grâces.
*4358 Études de nu.
*4359 Fille.
*4360 Baigneuse.

*4361 Filles.
*4362 Fille dansant.

ROUILLON (Mme Marie), née au château du Rû (Seine-et-Marne). — 34, rue Saint-Hilaire, La Varenne (Seine).

4363 Étude.
4364 Portrait.
4365 Geneviève.
*4366 Printemps.

ROUSSEAU (Henri), né à Laval. — 2 bis, rue Peyrel, Paris.

*4367 La Liberté invitant les artistes à prendre part à la 22e Exposition de la *Société des Artistes indépendants.*
4368 Vues des bords de l'Oise.
4369 Portrait de M. F...
4370 Portrait de M. Steven.
4371 Portrait de Mme Steven.

ROUSSEL-MASURE (Henri), né à Paris. — A L'Écluse, Pontoise (Seine-et-Oise).

*4372 Vue de Saint-Ouen.
*4373 Maison de l'éclusier.
*4374 Maison au bord de l'Oise.
*4375 Bouquet.
*4376 Nature morte.
*4377 Entrée de l'écluse.
*4378 Petite liseuse.

ROUSSEL (Xavier), né à Lorry-les-Metz. — L'Étang-la-Ville (Seine-et-Oise).

* **1379** Paysage.
* **1380** Paysage.
* **1381** Campanules.
* **1382** Paysage.
* **1383** Paysage.
  1384 Paysage.
  1385 Paysage.

ROUSSELIN (Gustave), né à Paris. — 24, avenue de Saint-Ouen (17ᵉ arrond.).

* **1387** La table (sous la tonnelle).
* **1388** Le vieux garde.
* **1389** L'étable.
* **1390** Intérieur d'écurie.
* **1391** Les moissonneurs.
* **1392** La porteuse de lait.
* **1393** Rentrée des blés.
* **1394** Les chalands.

ROUSTAN (Émile), né à Pnôm-Penh (Cambodge). — 85, rue Notre-Dame-des-Champs, Paris.

* **1395** Chrysanthèmes.
* **1396** Choux rouges et potiron.
* **1397** Fleurs (tulipes et monnaie du pape).
* **1398** Nature morte (oranges et violettes).
* **1399** Tête de jeune fille.
* **1400** Paysage.
* **1401** Paysage.
* **1402** Paysage.

ROUX-RENARD (Marius), né à Orange (Vaucluse). —
51, boulevard Saint-Jacques, Paris.

*4403 Le puits ensoleillé.
*4404 Mon vieux jardin en Avignon.
*4405 Soleil d'hiver.
*4406 Soirée d'automne en Avignon.
*4407 Soleil d'automne, Villeneuve-les-Avignon
*4408 Le Semeur en Provence.
*4409 Le Rhône à la nuit tombante.
*4410 Impression d'automne en Avignon.

RUSSEL (J.C.), né en Australie. — Belle-Isle (Morbihan), et 11, villa Méquillet, Neuilly-sur-Seine.

*4411 Mer agitée.
*4412 Environ d'Antibes (matin).
*4413 Soleil et tempête.
*4414 L'aiguille (soleil d'hiver).
*4415 Jour brumeux de printemps.
*4416 Les anguilles à Belle-Isle.
*4417 Polyte pêcheur.
*4418 Etude de plein air.

RYSSELBERGHE (Théo van), né à Gand. — villa Au-
blet, 44, rue Laugier, Paris.

4419 Portrait.
4420 Jeune fille nue.
4421 Jeune fille au ruban écarlate.
*4422 La Pointe Layet, à Cavalière.
*4423 Pins, à Cavalière.
*4424 Pinède, à Cavalière.
*4425 La Pointe du Rossignol, à Cavalière.

SAINSÈRE (Mlle Jeanne), née à Paris. — 3o, rue de
Miromesnil, Paris.

    * 1126   Nature morte.
    * 1127   Intérieur, salon.
    * 1128   Intérieur, cuisine.
    * 1129   Fleurs.

SAINVILLE (Emmanuel de), né à Saint-Firmin-des-
Bois, Loiret. — 56, rue Notre-Dame-de-Lorette, Paris.

    * 1130   Quand le soleil se couche.
    * 1131   Offrande à l'automne.
    * 1132   Dans un miroir.
    * 1133   Jeune fille.
    * 1134   Enfant.
    * 1135   Attente.
    * 1136   Etude (coucher de soleil).
    * 1137   Etude (coucher de soleil).

SALAUN (Raoul), né à Parthenay (Deux-Sèvres). —
26, avenue Félix-Faure, Paris.

    * 1138   Six pochades.
    * 1139   Six pochades.
    * 1140   Nature morte, lapin.
    * 1141   Effet de neige.
    * 1142   Effet de nuit.
    * 1143   La Seine au pont de Grenelle.
    * 1144   Le quai de Javel.
    * 1145   La Seine (quai du Louvre).

SALES (Gustave), né à Marseille. — 43, rue Vivienne, Paris.

* **1446** Carqueiranne, Var. Le Pradon.
* **1447** Carqueiranne, Var. Bord de mer.
* **1448** Carqueiranne. Var. Bord de mer.
* **1449** Croissy, Seine. Études.

SALLÈS (Robert), né à Lisieux. — 61, rue Lepic, Paris.

* **1450** La grève (marine).
* **1451** Cordiers (esquisse).
* **1452** Dans le champ de betteraves.
* **1453** L'intérieur d'une corderie.
* **1454** Le jardin de Léandre (hiver).
* **1455** Sortie (marine).
* **1456** Les guetteurs sur le môle.
* **1457** Chaumières (île de Bréhat).

SALOMON (Mlle Agnès), née à Hambourg. — 9, rue Campagne-Première, Paris.

* **1458** Bal Bullier (étude à l'huile).
* **1459** Chanteuse (étude au pastel).
* **1460** Portrait (lithographie).
* **1461** Gaité de Montparnasse (lithographie).
* **1462** Neige (lithographie).
* **1463** Paysage (lithographie).
* **1464** Sur la terrasse (gravure).
* **1465** Bullier (eau-forte).

SALTANOFF (Serge), né à Moscou (Russie). — 114, boulevard du Montparnasse, Paris.

*4166   Le printemps (pastel).
*4167   L'été (pastel).
*4468   L'automne (pastel).
*4469   L'hiver (pastel).
*4470   Etude (pastel).
*4471   Croquis (pastel).
*4472   Croquis (peinture).
*4473   Croquis (peinture).

SAMSON (Gustave), né à Granville (Manche). — 5o, rue des Juifs, Granville.

*4474   Etude (peinture).
*4475   Etude (joueur de cartes), peinture.
*4476   La fête de la patronne (peinture).

SARDIN (Albert-Edmond), né à Arcis-sur-Aube. — 13, rue de l'Yvette, Paris.

*4477   Quatre études.
*4478   Etude (pastel).
*4479   Le rù des nonnes (Arcis-sur-Aube).
*4480   L'étang de Villebon.
*4481   Matin d'été (Vaucresson).
 4482   Portrait.
*4483   La rue Hérault à Meudon.

SARREMÉJEAN (Louis-Auguste), né à Paris. — 51, rue
Magenta, Asnières (Seine).

    4484 Portraits de famille.
    4485 Souvenirs (composition).

SATIAS (Paul), né à Paris. — 5, rue Beudant, Paris.

    *__4486__ La Flora, près Dahouët (Côtes-du-Nord).
    *__4487__ Intérieur breton, val André (Côtes-du-
            Nord).
    *__4488__ Temps gris.
    *__4489__ La croix de Dahouët (Côtes-du-Nord).
    *__4490__ Moulins de Dahouët (Côtes-du-Nord).
    *__4491__ Coin de ferme, à Villerville (Calvados).
    *__4492__ Aux champs.
    *__4493__ Nature morte.

SAUVÉ (Elie), né à Moret. — Rue de l'Electricité,
Moret (Seine-et-Marne).

    *__4494__ La Saussaie, Moret.
    *__4495__ La Celle-sur-Seine.
    *__4496__ L'Emouchet.
    *__4497__ Vue de Moret.
    *__4498__ Route du Long-Rocher.
    *__4499__ La Maisonnette.
    *__4500__ Paysage près Moret.
    *__4501__ Paysage, automne.

SAVARD (Joseph), né à Paris. — 7, rue de l'Annon-
ciation, Paris.

4502 La Seine, à Chantemesle.
4503 Petit bras de Seine, à Neuilly.

SCHERB (C.). — 43, avenue Thiers, au Raincy (Seine-
et-Oise).

4504 Peupliers.
4505 Bords de l'Oise.
4506 Effet de neige.
4507 La chaumière.
4508 La prairie.
4509 L'étang.
4510 Le chemin de l'usine.
4511 Le clocher du village.

SCHERVASCHIDZÉ (Alexandre), né à Théodosie (Cri-
mée). — 9, rue Campagne-Première, Paris.

***4513** Paysage.
***4514** Paysage.
***4515** Vieille chapelle de Raguenès.
***4516** Nature morte.
***4517** Tête d'homme.
***4518** Les saltimbanques.

SCHLYTTER (Mme Lili), née à Christiania. — 188, boulevard Malesherbes, Paris.

***4520** Panneau de cuir pour paravent.
4521 Portrait.
***4522** Roses de Noël.
***4523** Sur la cheminée.
4524 Portrait.

SCHNERB (J.-F.), né à Avignon (Vaucluse). — 22, rue
Saint-Pétersbourg, Paris.

***4525** Idylle.
***4526** Edward.

SCHOEN (Daniel), né à Mulhouse. — 21, quai Bourbon, Paris.

***4527** Adam et Ève.
***4528** Paysage d'Auvergne.
***4529** Printemps.
***4530** Bois de Clamart.
***4531** Femme cousant.
***4532** Temps de pluie.
***4533** Baigneurs.
***4534** Roses.

SCHOENE (Mlle Johanna), née à Berlin. — 16, boulevard Quinet, Paris.

***4535** Repos (plâtre).
***4536** Mère et enfant (plâtre).
***4537** Salière (garçon avec panier), faïence
(2 exemplaires).

SCHREIBER (Georges), né à Paris. — 3, rue Jules-
César, Paris.

***4538** Les Reines-Marguerites.
***4539** Roches noires (Bretagne).
***4540** Dans le coteau.

*4541 Soleil couchant (hiver).
*4542 Matinée d'automne.
*4543 Vue sur la Seine (Athis-Mons).
*4544 Mer bleue (Bretagne).
*4545 Moisson.

SCHUTZENBERGER (René), né à Mulhouse. — 2, rue Aumont-Thiéville, Paris.

*4546 Quatre vues de Bruges.
*4547 Quatre vues de Bruges.
4548 Le mur du séminaire, Bruges (appartient à Mlle Nachmann).
*4549 Le quai des Meuniers (Bruges).
*4550 Le quai vert (Bruges).
*4551 Le Dyver (Bruges).
*4552 Le Béguinage (Bruges).
*4553 Le marché St-Jacques (Bruges).

SCOSSA (Ferdinand), né à Paris. — 190 *ter*, boulevard Malesherbes, Paris.

*4554 Sur la falaise (Veules-les-Roses).
*4555 Sur la falaise (Veules-les-Roses).
*4556 Sur la falaise (Veules-les-Roses).
4557 Etude.
*4558 Un coin de la place de l'Eglise (Veules).
*4559 Paysage (parc de Saint-Cloud).
*4560 Un canal (Venise).
*4561 Vue prise de mon atelier (Sèvres).

SCULL (Max), né en Amérique. — Chez Paul Foinet fils, 21, rue Bréa.

4562 La nuit.
4563 La moisson.
4564 Le Nil.
4565 Etude.
4566 Etude.

SERRIÈRE (Jean), né à Nancy. — 19 *bis*, rue de Boulainvilliers, Paris.

4567 Etude de mer.
4568 Autre étude de mer.
4569 Vue de Paris prise de Passy (aquarelle).
4570 Compotier de fruits (aquarelle).
4571 Anémones (aquarelle).

SEDDELER (Nicolas), né à St-Pétersbourg (Russie). — 57, boulevard de Vaugirard, Paris.

***4572** Grand Trianon (peinture à la détrempe).
***4573** L'automne (hameau de Marie-Antoinette, Versailles) (peinture à la détrempe).
***4574** Au nord de la Russie (peinture à la détrempe).
***4575** Au bord de la Seine (gravure sur bois).
***4576** Le soir (gravure sur bois).
***4577** Deux gravures sur bois :
    a) Dans le parc.
    b) Les nonnes.
***4578** Deux gravures sur bois :
    a) Dans les montagnes.
    b) Les pensionnaires.

SEGUIN (Arsène), né à Saint-Malo. — 10, rue des Buissons, La Garenne-Colombes, (Seine).

* **1580** Un matin sur les bords de l'Orne.
* **1581** L'entrée de la Rance (coucher de soleil).
* **1582** 4 petits panneaux (peinture), souvenir de Venise et de Hollande.
* **1583** Le naufrage de l'Hilda (les côtes de Bretagne).

SELLES (Gorges). — 17, rue Guénégaud, Paris.

* **1584** Paysage.
* **1585** Cour du vieil Hôtel-Dieu.
* **1586** La Marne à Chelles.
* **1587** Le pont Saint-Martial, Limoges.
* **1588** Nature morte.
* **1589** Le vieux pont.

SÉRAPHIN (Albert), né à Paris. — 180, rue de Charonne, Paris.

1591 Portrait du relieur Gonon.
1592 Fillette à la poupée (bronze patiné).
1593 Buste de fillette (bronze patiné).
1594 Marat à la tribune (maquette), le masque bronze patiné.

SÉRUSIER (Paul), né à Paris. — Châteauneuf-du-Faou (Finistère).

1595 Soir (nature morte).
* **1596** Mimosa (nature morte).

***4597** Lampe (nature morte).
***4598** Ève.
4599 Elfes (panneau décoratif).
4600 Kobolds au repos (panneau décoratif).
4601 Kobolds au travail (panneau décoratif).
4602 Nickelmænner (panneau décoratif).

SERVAL (Maurice), né à Douai (Nord). — 1, boulevard
Exelmans, Paris.

* **1603** La pièce d'eau des Suisses à Versailles
            (aquarelle).
* **4604** Femme sur ciel jaune (pastel).
* **4605** Quatre études de paysages (pastel).
* **4606** Porte de Billancourt (pastel).
* **4607** Viaduc du Point-du-Jour (pastel).
* **4608** La Seine à Billancourt, fin de jour (pastel).

SHERINGHAM (Georges), né à Londres. — 17, rue
Campagne-Première, Paris.

* **4609** Six études.
   4610 Portrait de W. Atherton, esq.
* **4611** Seaford.
* **4612** Le tramway jaune.
   4613 Portrait de C. de B. Sheringham, esq.
* **4614** Au bord de la mer.
* **4615** Les vagues (Dieppe).
* **4616** Quatre dessins.

SIBERTIN-BLANC (René), né à Paris. — 4, rue Vital,
Paris.

    * **1617**   Le peuplier (Seine-et-Oise).
    * **1618**   A travers bois.
    * **1619**   Le petit pont.
    * **1620**   Lavis (feuilles de chêne).
    * **1621**   Lavis.
    * **1622**   Lavis.
    * **1623**   La fenêtre (crayon).
    * **1624**   La route (crayon).

SIGNAC (Paul), né à Paris. — 16, rue Lafontaine.

    1625   Tour Saint-Jean (Marseille) (appartient
                 à M. Druet).
    1626   La Bonne-Dame (Marseille) (appartient
                 à M. Druet).
    1627   La Dogana (Venezia), appartient à
                 M. Druet.
    * **1628**   Fanale de Traghetto (Venezia).
    1629   Bragozzo (Venezia) (appartient à M. F.
                 Fénéon).
    * **1630**   Printemps (Provence).
    * **1631**   Automne (Ile-de-France).

SIMON (Mélanie-Blanche), née à Paris. — 25, rue
Montbrun, Paris.

    * **1632**   Petite boudeuse.
    * **1633**   Une bonne pipe.

SIMONNET (Jeanne), née à Paris. — 3, rue des Rouillis,
à Sèvres (Seine-et-Oise).

*4634 La nuit.
*4635 Le matin.
*4636 Marine.
*4637 La cale de Saint-Gilles.
*4638 Le thonier.
*4639 Croix-sur-Vic.
*4640 Un soir de fête à Irun.

SLAVONA (Mme Maria), née à Luebeck. — 5, rue Monsieur, Paris.

*4641 Coin de canapé.
*4642 Enfants aux bords de l'Oise.
*4643 Bouquet de fleurs.
*4644 Jardin de Montmartre.
*4645 Paysage.
*4646 Paysage dans l'Oise.

SOLIVA (Louis), né à Paris. — 91, boulevard Murat,
Paris.

4648 Etude de lion, plâtre.
4649 Etude de tigre, plâtre.
4650 Etude de chien, plâtre.
4651 Etude de renard, plâtre.

SOMOFF-SEDDELER, (Mme Anne), née à Saint-Pétersbourg (Russie). — 57, boulevard de Vaugirard.

*1652   Une allée à Versailles (peinture à l'huile).
*1653   A la fontaine (peinture à l'huile).
*1654   Les begonias blancs (gravure sur bois).
*1655   Les begonias roses (2 gravures sur bois).
*1656   Les mimosas (gravure sur bois).
*1657   2 gravures sur bois : Au bord d'un lac ; Versailles.
*1658   2 gravures sur bois : Tyrol ; Le petit fleuve.
*1659   Les pins.

SON (Johannès), né à Lyon. — 3o, rue Fontaine, Paris.

*1660   La nuit à Dordrecht (Hollande)
*1661   Crépuscule à Varambon (Ain).
*1662   La Salute et le Grand Canal à Venise (couleurs Raffaelli).
*1663   Bords de l'Ain à Pont-d'Ain (Ain).
*1664   4 Études : La Seine aux Andelys.
          La Seine à Rouen.
          La Meuse à Dordrecht.
          Le quai de Granville.
*1665   Aux bords de l'Ain (Ain).
*1666   2 Pastels : Crépucule, à Dieppe.
          Le soir, dans les Dunes, à Étaples.
*1667   4 Études : Aux Martigues et à Venise.

SOULANGE-BODIN (Eugène), né à Naples. — 24, avenue de la République, à Biarritz.

*4668   Landes aux environs de Bayonne.
*4669   Landes au bord de la mer à Biarritz.
*4670   Landes à Arcangues.
*4671   Mare aux environs de Biarritz.

SOULL'ARD (Louis), né à St-Lô (Manche). — 17, passage Gourdon, Paris.

*4672   Rosée en septembre à Pont-de-l'Arche.
*4673   La Seine à Rolleboise.
*4674   Neige, rue de la Colonie à Paris.
*4675   La sécurité.
*4676   Les miséreux entretiennent leur misère.
*4677   Le bon public.
*4678   Neige, rue de la Glacière.
*4679   La Seine à Rolleboise.

SOULL'ARD (Pascal), né à Paris. — 15, rue de Médéah, Paris.

*4680   Le bal paré.
*4681   Nature morte.
*4682   Rolleboise, bras de la Seine.
 4683   Buste de M. C. C...
 4684   Buste terre cuite de Me F. P...
*4685   La vague (terre cuite).
*4686   Buste (terre cuite).
*4687   Tête (marbre).

SOUPLET (Fernand), né à Paris. — 23, rue Guyot, Paris.

Aquarelles :
*1688 Chrysanthèmes.
*1689 Fleurs des bois.
*1690 Marronniers rouges.
*1691 Roses trémières (huile).
*1692 Aubépines.
*1693 Fleurs dans un journal.
*1694 Verveines fleurs.
*1695 Pervenches et coucous, fleurs.

SPIRO (Mme Else), née à Breslau. — 15, rue Froisdevaux, Paris.

*1696 Square à Paris.
*1697 Portrait.
*1698 Nature morte.
*1699 La foire.
*1700 Bouquet de roses.

STAPFER (Henri), né à Tours. — 45, avenue de Malakoff, à Paris.

*1701 Rue à Constantine.
*1702 Sahara vu des montagnes de l'Aurès.
*1703 M'cid (effet du soir).
*1704 Séguia au village nègre (Biskra).
*1705 El-Kantara.
*1706 Rue des Ouled-Naïls (Biskra).
*1707 Rivière à El-Kantara.
*1708 Algérie (impressions).

STEIN (Georges), né à Paris. — Montigny-sur-Loing
(Seine-et-Marne).

*4709   Parisienne (effet de nuit).
*4710   La rue Auber au crépuscule.
*4711   Promenade des Anglais à Nice.
*4712   Le quai de la Tournelle.
*4713   Brouillard sur la Seine.
*4714   Coin de forêt (Fontainebleau).
*4715   La rue de Sèvres.
*4716   Boulevard des Italiens (pastel).

STEIN (Leo-D.), né à Alleghany (États-Unis). — 27, rue
de Fleurus, à Paris.

*4717   Fleurs.
*4718   Portrait.

STETTLER (Mme Marthe), née à Berne (Suisse). —
90, rue d'Assas, à Paris.

*4719   Sur un banc.
*4720   La poupée.
*4721   Paysage (au Luxembourg).
*4722   La bourrasque.
*4723   A la promenade.
*4724   Enfants à la poupée.
*4725   Etude de glacier.
*4726   Porcelaines et fleurs.

STREIB (Georges), né à Paris. — 4, rue Beaunier, à
Paris.

    *1727 Intérieur d'une crèche municipale à
l'heure de la soupe.

    1728 Portrait de Mme L... (appartient à
M. L.).

    1729 Portrait de M. D...(appartient à M. L. D.).

    *1730 Berck (effet du matin).

    *1731 La tartine.

    *1732 Panier de roses.

    *1733 La plage à Berck.

SUC (Jules-Jàques), né à Ambialet (Tarn). — Hôtel
National, 62, rue Saint-Dominique, Paris.

    1734 Boîte d'horloge en bois (sculpture) « le
temps et les heures ».

    1735 Un coup de vent sur la plage.

    1736 Paysannes de l'Albigeois allant à la ville.

    1737 Perruquier ambulant sur les bords de la
Seine.

    1738 Les papiers du chemineau.

SÜE (Louis), né à Bordeaux (Gironde). — 70 *bis*, rue
Notre-Dame-des-Champs, Paris.

    *1739 Panneau décoratif (dessus de porte).

    *1740 Au Derby.

    *1741 Nature morte (roses).

    *1742 Nature morte (chapeau).

    *1743 Bethsabée.

    *1744 Suzanne au bain.

    *1745 Saint-Jean-sur-Mer.

    *1746 Esquisse.

SURTEL (Marcel), né à Reuilly (Indre). — Reuilly (Indre).

   *4747   Matinée d'hiver.
   *4748   Prairie inondée.
   *4749   La Loire, près Nevers.
   *4750   Coin de jardin.
   *4751   Moissons.
   *4752   Jardin au soleil.
   *4753   Soirée d'automne.
   *4754   Prairie en mars.

SYLVANY (Michel), né à Paris. — 13, rue du Fécheray, à Suresnes (Seine).

   4755   La prudence pratique.
   4756   O la damoiselle...
   4757   L'élu des foules.
   4758   *In secula seculorum.*
   4759   La Crainte et ses sombres filles se hâtent d'ensevelir la Beauté et l'Amour qu'elles ont tués.

SZÉKELY (André de), né à Loecse (Hongrie). — 12, rue du Moulin-de-Beurre, Paris.

   *4760   Rêve du matin.
   *4761   Soleil d'automne.
   *4762   Boulevard extérieur.
   *4763   Les bateaux.
   4764   L'ami Soullard.
   *4765   Deux amis (monotypie).
   *4766   Vieux château (monotypie).
   *4767   Côtes de Meudon.

TAQUOY (Maurice), né à Mareuil-sur-Ay (Marne). — 7, rue Bonaparte, Paris, et à Chartrettes (Seine-et-Marne).

* 1768 Maison à Chartrettes.
* 1769 La route de Sermaize.
* 1770 Le village de La Cave.
* 1771 Belle journée en novembre.
* 1772 Chevaux percherons.
* 1773 Le village de Chartrettes.
* 1774 Le parterre de Fontainebleau.
* 1775 La neige.

TARKHOFF (Nicolas), né à Moscou. — 7, rue Belloni, Paris.

* 1776 Ma Femme et mon Fils.
* 1777 La table.
* 1778 Pot de fleurs.
* 1779 Boulevard Saint-Denis.
* 1780 La plaine à Chevreuse.
* 1781 Chrysanthèmes mauves.
* 1782 La Seine au brouillard.
* 1783 Le pont sur la Seine.

TARDY (Désiré), né à Saulieu (Côte-d'Or). — 23, rue de Chézy, Neuilly-sur-Seine.

* 1784 La vieille maison (effet de matin).
* 1785 Le Ru, à Verdelot.
* 1786 Le pont de Villeneuve-sur-Bellot (effet de gelée blanche).
* 1787 Environs de Saint-Jean-de-Luz (soleil couchant).

*4788 La maison rouge.
*4789 La sortie du village.

TERREL DES CHÈNES (Guy), né à Villié-Morgon (Rhône). — 59, rue Caulaincourt.

4790 Rêverie.
4791 La falaise.
4792 Les roches bleues.
4793 Marée basse.
4794 Souvenir de Bréhat.
4795 Le bateau de Wague.
4796 Le blé.
4797 Chaumières.

TERRUS (Etienne), né à Elne (Pyrénées-Orientales). — Elne.

*4798 Chapelle de Saint-Martin.
*4799 Chapelle de Saint-Martin.
*4800 Ferme dans la montagne.
*4801 Coin de plage.
*4802 Vieille chapelle.
*4803 Barque (dessin).
*4804 Paysage (dessin).
*4805 Marine (dessin).

TESSON (Henri), né à Paris. — 11, boul. de Clichy.

*4806 Le berceau vide.
*4807 Soleil couchant sur la Loire (pastel).
*4808 La rue Bréda (effet de lune).
*4809 Le pont de Langeais.

TÉTARD (Mme Blanche), née à Dijon (Côte-d'Or). —
26, rue Poncelet, Paris.

> *1810   La lecture dominicale.
> 1811   Fleurs (appartenant à Mme J.)
> *1812   Fleurs.
> *1813   Les deux roses (pastel).

THIBÉSART (Raymond), né à Bar-sur-Aube. — 15, rue
des Grandes-Carrières, Paris.

> *1814   Herseuse.
> 1815   Eté.
> *1816   6 pochades.
> *1817   Matinée de printemps.
> *1818   La cueillette des petits pois.
> *1819   Soir doré.
> *1820   Effet de neige
> *1821   Soleil d'hiver.

THIELE (Ivan), né à Saint-Pétersbourg. — 9, rue Campagne-Première, Paris.

> 1822   Portrait.
> *1823   Sur la plage.
> *1824   L'arrivée des sardiniers (dessin).
> *1825   Les rochers.
> *1826   La ferme au coucher de soleil
> *1827   Un coin de la fontaine Carpeaux.
> *1828   Vers le soir.
> *1829   Les neiges éternelles.

THILY (Léopold), né à Paris. — 3, rue Saint-Lazare,
Paris.

*4830   Coin d'étang.
*4831   Le moulin d'Erbaut.
*4832   Moulin Wallon.
*4833   Ferme dans le Hainaut.
*4834   Etude de gerbes.
*4835   Etude de gerbes.
*4836   Etude de gerbes.
*4837   Une brasserie aux environs de Mons.

THIOLLIER (Mlle Emma), née à Saint-Etienne. —
28, rue de la Bourse, Saint-Etienne (Loire).

*4838   Méditation (peinture).
*4839   Étang en novembre (paysage forézien),
         peinture.
*4840   Octobre (paysage forézien), peinture.
*4841   Le vieux chêne (paysage forézien), pein-
         ture.
*4842   La goutte d'argent (paysage forézien),
         peinture.
*4843   Mai (paysage forézien), pastel.
*4844   M. Paul Borel (croquis).
*4845   Sœur Élisabeth (croquis).

THOMAS (Henri-Auguste), né à Paris. — 2, rue d'Arcueil, villa Corot, Paris.

*4846   La côte d'azur.
*4847   La neige.
*4848   Sous bois en automne.

*4849 Le ruisseau.
*4850 Au couchant.
*1851 Les palmiers.
*4852 Le Borghetto.

THOMAS (Pierre), né à Limoges. — 1, chemin de la Borie, Limoges (Haute-Vienne).

*4853 Le matin (Limousin).
*1854 Le moulin (Limousin).
*4855 La vieille roue (Limousin).
*1856 Sous bois (Limousin).
*1857 Bords de la Vienne, automne (Limousin).

TIXIER (Daniel), né à Châteauroux. — 7, rue Lakanal, Grand-Montrouge (Seine).

*4858 Les faneuses.
*4859 Après le bain.
*4860 Printemps.
*4861 La basse-cour.
*1862 La moisson.
*4863 Au puits.
*1864 Harmonie d'automne.

TOISON (Paul), né à Château-Thierry. — 44, rue Poussin, Paris.

*4865 Coucher de soleil (aquarelle).
*4866 Nocturne (aquarelle).
*4867 Nocturne (aquarelle).

*4868   Pont sur la Marne (aquarelle).
*4869   Saint-Cloud (effet de soleil), aquarelle.
*4870   Ville d'Avray (effet de soleil), aquarelle.
*4871   Garches (effet de soleil), aquarelle.
*4872   Saint-Cloud (effet du soir), aquarelle.

TORENT (Evelio), né à Badalona (Espagne). — 20, rue
des Martyrs, Paris.

*4873   Tête gitane (Espagne).
*4874   Marchande d'oranges (Espagne).
*4875   La leçon, fusain (Espagne).
*4876   En la Pradera (Espagne).
*4877   L'Autel du Christ (Espagne).
*4878   De juerga, fusain (Espagne).
*4879   « Soledad » (Espagne).
*4880   Coin de Ste-Anne-la-Palue (Bretagne).

TROTTIN (Georges), né au Château-du-Loir. — 15, rue
Moncey, Paris.

*4881   Bords de la Rence.
*4882   La côte des Basques, Biarritz.
*4883   Un coin du lac Saint-James.
*4884   Un coin du lac, Bois de Boulogne.
*4885   Montabon (Sarthe).
*4886   Barques de pêche, Fouras.
*4887   Embouchure de la Charente, Fouras.
*4888   Les vases, Fouras.

TROUBLÉ (Georges), né à Paris. — 37, avenue du Roule, Neuilly-sur-Seine.

*4889   Femmes au bain.
*4890   Pastorale.
*4891   L'armurier.
*4892   En pleine forêt.
4893   Portrait de ma bonne.
4894   Portrait de ma concierge.
*4895   Bords de rivière.

TURIN (André), né à Paris. — 12, rue des Pyramides, Paris.

*4896   Dieppe. Entrée d'un bateau pilote.
*4897   Étude pour le marché de Saint-Pol-de-Léon.
*4898   Dieppe. Dans l'avant-port, le matin.
*4899   Dieppe. Le yacht blanc ; bassin intérieur.
*4900   Pourville. Marée montante.
*4901   Pourville. Les roches vertes.
*4902   Dieppe. Entrée d'un deux-mâts barque.
*4903   Dieppe. Départ d'un bateau de Fécamp.

URBAIN (Alexandre), né à Sainte-Marie-aux-Mines. — 21, quai Bourbon, Paris.

*4904   Mlle X. dans sa loge.
*4905   Nu.
*4906   Saint-Gervais.
*4907   Au Bois de Boulogne.
*4908   Quai de l'Hôtel-de-Ville.

VALLÉE (Georges-Auguste), né à Paris. — 27, rue du
Docteur-Blanche, à Paris.

    *4909   Intérieur d'auberge à Merlimont.
    *4910   Intérieur d'église à Berck.
    *4911   Au piano.
    *4912   Orgueil.

VALLÉE (Ludovic), né à Paris. — 126, rue d'Assas,
Paris.

    *4913   Un dimanche au Pavillon du Lac (Parc
               Montsouris).
    *4914   Au jardin du bal Bullier.
    *4915   Le Pardon de Ste-Anne-la-Palud.
    *4916   Une allée du parc Montsouris.
    *4917   La nuit au boulevard Saint-Michel.
    *4918   Nature morte.
    *4919   Un coin du jardin de Bullier.
    *4920   Etude pour un tableau.

VALLEY (Amédée-Noël-Paul), né à Paris. — 2, rue
Monge, Paris.

    *4921   Croquis de voyage.
    *4922   Etudes parisiennes.
    *4923   Notes de promenades.
    4924   Etude pour un portrait de fillette (appar-
               tient à Mme Scoot de Martinville).
    *4925   Crépuscule au Plant.
    *4926   Arc-en-ciel et pluie.
    *4927   Le tube du Métro sur la Seine.
    *4928   La rue Théodorine au Plant.

VALLOTTON (Félix). — 59, rue des Belles-Feuilles, Paris.

1929 Portrait.

VALMALÈTE (Mme Cécile de), née à Paris. — 34, rue des Martyrs, Paris.

*   **1930** Ensemble de pochades.
*   **1931** Fleurs sur le balcon.
*   **1932** Motif de jardin, Auteuil.
*   **1933** Etude d'oiseaux.
*   **1934** Bouquet d'œillets roses.
*   **1935** Chrysanthèmes au soleil.
*   **1936** Un paravent (intérieur de serre (2 feuilles).
*   **1936** *bis* Laveuses.

VALTAT (François-Victor), né à Paris. — 17, rue Montebello, Versailles.

1937 Etude.
1938 Marine.
1939 Etude.
1940 Marine.
1941 Etude.
1942 Marine.
1943 Marine.

VALTAT (Louis). — Anthéor, par Agay (Var).

*   **1944** Etude de femme nue.
*   **1945** Paysage.
*   **1946** Paysage.

*4947 Paysage.
*4948 Intérieur.
*4949 Intérieur.
*4950 Intérieur.
*4951 Marine.

VALTON (Edmond-Eugène), né à Paris. — 79, faubourg du Temple (atelier 44, rue Fessart).

*4952 Préparatifs de la fête.
*4953 Le déjeuner aux champs.
*4954 1793.
*4955 Les cerises.
*4956 Le jour de cuisson.
*4957 Atelier.
*4958 Labourage en côte.
*4959 En tournée électorale.

VALTON (J.-M.), né à Paris. — 19, rue de l'Equerre, Paris.

*4960 Buttes-Chaumont (Le temple de Sibylle).
*4961 Pisciculture au grand moulin de Cernay (Seine-et-Oise).
*4962 Lavoir à Donjeux (Haute-Marne).
*4963 Tilleul à Donjeux.
*4964 Névrosées (Cléopâtre).
*4965 Névrosées (Adolescence).
*4966 Pendant et après l'orage.
*4967 Jardin public et jardin de veuve.

VAN COPPENOLLE (Jacques), né à Montigny-sur-Loing (Seine-et-Marne). — Montigny-sur-Loing.

* **1968** Montigny-sur-Loing (temps brumeux).
* **1969** Montigny-sur-Loing (temps gris).
* **1970** La place communale à Montigny (effet de neige).
* **1971** Vieilles maisons au bord d'un canal.
* **1972** Le canal du Loing à Episy.
* **1973** Bord du Loing (soleil d'hiver).
* **1974** Bord du Loing.
* **1975** Bord du Loing.

VAN DE VELDE (Louis-Camille), né à Lille. — 45, rue Joubert, Paris.

* **1976** Les potirons.
* **1977** Marais d'Amiens (temps gris).
* **1978** La route de Glisy (environs d'Amiens).
* **1979** Les Hortillonnages (environs d'Amiens).
* **1980** Dans les roseaux (environs d'Amiens).
* **1981** Effet de brouillard (environs d'Amiens).
* **1982** Le pont de Longeau.
* **1983** Le marché sur l'eau à Amiens.

VAN DONGEN (Kees), né à Rotterdam (Hollande). — 13, rue Ravignan, Paris.

* **1984** Aux Folies-Bergères.
* **1985** Kuku.
* **1986** Un pierrot.
* **1987** A la Galette.

*4988 La Mattchiche.
*4989 Une femme en gris.
*4990 A la Galette (pastel).
*4991 Un tréteau (dessin).

VAN RYSSEL (Louis). — Auvers-sur-Oise (Seine-et-Oise).

*4992 La charcutière.
*4993 La maison de Daumier à Valmondois.

VAN RYSSEL (Paul). — 78, faubourg St-Denis, Paris.

*4994 Le cochon.
4995 Dans l'atelier (portrait du peintre L.V.R.)

VARENNE (Antoine), né au Puy-de-Dôme. — 12, place de l'Eglise, Pantin (Seine).

4996 Harmonie (appartient à M. Beau).
*4997 Récolte des pommes de terre.

VARLET (Camille), né aux Sablons. — Les Sablons, par Moret (Seine-et-Marne).

*4998 Prairie de Moret.
*4999 Les bords du Loing.
*5000 Sablière aux Sablons.
*5001 Une vue des Sablons.
*5002 Le Bas-Loing.

VAVASSEUR (Eugène-Charles-Paul), né à Paris —
5, rue de Nanterre, Asnières (Seine).

>   *5003 La lettre difficile.
>   *5004 La Seine à Argenteuil (pastel).
>   *5005 La carrière à Saint-Cloud.
>   *5006 La clairière à Saint-Cloud.
>   *5007 Au bord du lac (pastel).
>   *5008 Sur les roches (pastel).
>   *5009 Les demoiselles.
>   *5010 Vue prise à Veules.

VEILLET (Alfred), né à Ezy (Eure). — Freneuse, par
Bonnières-sur-Seine (Seine-et-Oise).

>   5011 Portrait de M. Abel Lefèvre, député.
>   5012 Portrait de Mlle Léa Bernay.
>   *5013 Paysage à Ezy.
>   *5014 Moulin de Courseuilles-sur-Mer.
>   *5015 Château-Gauthier à Vendôme (appartient
>   à M. Gauthier.
>   *5016 La route (Hargeville) (appartient à
>   M. Duval).

VERHOEVEN (Jan), né à Amsterdam (Hollande). —
13, rue Girardon, Paris.

>   *5017 Notre-Dame, le soir (fusain).
>   *5018 Espoir (aquarelle).
>   *5019 Le rêve (aquarelle).
>   *5020 Méditation.
>   *5021 Saint-Laurent-les-Mâcon.
>   *5022 Paysage.

*5023   Effet de lune sur l'eau.
*5024   Paysage hollandais (aquarelle).

VERNET (Paul), né à Paris. — 12 bis, rue des Glaises,
  Viroflay (Seine-et-Oise).

*5025
*5026
*5027

VIAU (Benjamin), né à Nantes. — 9, rue Campagne-
  Première.

5032   Portrait d'homme.
*5033   Jardin après la pluie.
*5034   Rue Boyer-Barret.
*5635   Étude d'effet.
5036   Portrait d'homme.
*5037   Soir d'été.
*5038   Étude de chien.

VIAU (Daniel), né à Nantes. — 32, rue Lepic.

*5039   L'Erdre châtaigniers.
*5040   L'Erdre vue vers Nantes.
*5041   L'Erdre près la Jonalière.
*5042   L'Erdre à la Thortière.
*5043   Le jardin.
*5044   Nature morte.
*5045   L'Étang.
*5046   Les meules.

VIBERT (Pierre-Eugène), né à Genève. — 3, rue Campagne-Première, Paris.

*5047   Les chaumières.
*5048   Près de la ville.
*5049   Chevaux de renfort.
*5050   Les tanneries.
*5051   Puits à pierres.
*5052   Mécislas Golberg.
*5053   Paysage.

VIBIEN (Charles), né à Paris. — 16, rue de Navarin. — Paris.

*5054   Nature morte.
*5055   Nature morte.
*5056   Tête de jeune femme.

VIDOU (Émile), né à Fumel. — Place du Général-St-Michel, Villeneuve-sur-Lot.

*5057   Soleil couchant.
*5058   Effet de brouillard.
*5059   Crépuscule.

VIEL (Henri), né à Argentan (Orne). — 48, rue du Cherche-Midi, Paris.

*5060   Après-midi (janvier).
*5061   Petite place en province.
*5062   Fin de journée (avril).
*5063   Après-midi en août.

***5064** Chemin (vieux).
***5065** Meules de blé, le matin
***5066** Etude.
***5067** Japonaise (étude).

VIEILLARD (Maurice), né au Havre-de-Grâce. — Beau-
repaire, par Criquetot-l'Esneval (Seine-Inférieure).

***5068** Loups rentrant au bois.
***5069** Loups au carnage.
***5070** Le chaperon rouge
***5071** Les corbeaux.
***5072** Lièvre branché.
***5073** Griffonnes et dupuz.
***5074** Griffonne au lièvre.
***5075** Griffonne et bassets.

VERDILHAN (L.-M.), né à Saint-Gille (Gard). — Quai
du Canal, 12, à Marseille.

***5076** Vieux pont.
***5077** Champs de coquelicots.
***5078** Le cimetière.

VITAL-LACAZE (J.), né à Tournecoupe (Gers). — Rue
du Cherche-Midi, 70, à Paris.

***5079** Le vieux mendiant.
***5080** Sous la tonnelle.
***5081** Le pont Royal.
***5082** Etude de matin.

VIVIAN (Burton), né à Londres. — 4, rue Valentin-Haüy, Paris.

    5083 Un portrait.
    *5084 Etude.
    *5085 Le soir, Alhambra.
    *5086 Sierra Nevada, vu de l'Alhambra.
    *5087 Clair de lune, Alhambra.
    *5088 Près Berneval.
    *5089 Vieille maison, Venise.

VIVIAN (Charlotte A.), née à Londres. — 4, rue Valentin-Haüy, Paris.

    *5090 Aux bords de la Seine.
    *5091 Vieilles maisons à Venise.
    *5092 Rio St-Barnabas, Venise.

VLAMINCK (Maurice de), né à Paris. — 21, boulevard des Ormes, Rueil (Seine-et-Oise).

    *5093 Le village.
    *5094 Soleil d'hiver.
    *5095 Nature morte.
    *5096 Le champ de blé.
    *5097 Matin de gelée.
    *5098 La Seine l'hiver.
    *5099 Le pesage.
    *5100 La cuisine (intérieur).

VOLLBEHR (Ernst), né à Kiel (Allemagne). — 15,
avenue de Villars, Paris.

*5101   Marines (2 aquarelles).
*5102   Versailles (2 aquarelles).
*5103   Paris (2 aquarelles).
*5104   Paris (2 aquarelles).
*5105   Algérie (2 aquarelles).
*5106   Dans les Alpes (2 aquarelles).
*5107   Dans les Alpes (2 aquarelles).
*5108   Eventail.

VOLOT (Jacques-Pierre), né à Blois. — 7, rue Duperré,
Paris.

5109   Portrait de femme.
5110   Le refusé de l'officiel.
*5111   Etude de nu de femme.
5112   Portrait de M. G. Lambert.
5113   Portrait d'homme.
*5114   Femme à sa toilette.
*5115   Les nomades (eau-forte originale en cou-
       leurs).

VUIBERT (Paul), né à Paris. — 53, rue Caulaincourt,
Paris.

*5116   Petite place de Fussy (S.-et-M.).
*5117   La vague (île de Bréhat).
*5118   Travaux des champs (île de Bréhat).
*5119   Le calvaire au soleil couchant (île de
       Bréhat).

*5120 Les roches du Paon (île de Bréhat).
*5121 Retour du bain (île de Bréhat).
*5122 Les blés murs (île de Bréhat).
*5123 La chaumière de Port-Bénit.

VUILLARD (Edouard), né à Cuiseaux. — 123, rue de la Tour, Paris.

*5124 Paysage.
*5125 Roses.
*5126 Intérieur.

WAHANIN (Edouard), né à Lille. — 78, boulevard Saint-Germain, Paris.

*5127 Eglise Saint-Julien-le-Pauvre et place du Petit-Pont (Paris).
*5128 Rue de Bièvre, 14 juillet 1905 (Paris).
*5129 Montmartre.
*5130 Boulogne, vue sur les hauteurs de Sèvres (appartient à M. Descaves).
*5131 Place Saint-Michel, effet de brouillard.
*5132 La Seine.
*5133 Port de Boulogne-sur-Mer.
*5134 Notre-Dame, effet de neige (Paris).

WAROQUIER (Henry de), né à Paris. — 149, avenue du Maine.

*5135 Coin de mon jardin.
*5136 Trois pochades (île aux Moines).
*5137 La maison du voisin.
*5138 Maison de paysan (île aux Moines).

***5139** Étude (île aux Moines).
***5140** Pot à lait et tasse.
***5141** Coin d'atelier.
***5142** Étude (île aux Moines).

WEBER (Henri), né à Saint-Pétersbourg (Russie). —
18, rue Vulpian, Paris.

***5143** Entrée du Château de Vez (Oise), vue
extérieure (aquarelle).
***5144** Entrée du Château de Vez (Oise), vue
prise de l'intérieur (aquarelle).
***5145** Bords de l'Huisne, près le Mans (aqua-
relle).
***5146** Bords de l'Huisne, près le Mans (po-
chade).
5147 Vue prise à Eméville (Oise), (aquarelle),
(appartient à M. L. Salmon).
***5148** Intérieur de cuisine (aquarelle).
***5149** La Bièvre (passage Moret (aquarelle).
***5150** Ruelle des Gobelins (aquarelle).

WEERT (Mlle Anna de), née à Gand. — 1, rue des
Hospices, Gand (Belgique).

***5151** Deux meules (temps gris).
***5152** Les blés (temps gris).
***5153** L'entrée de mon atelier.
***5154** Le mois des roses.
***5155** Mon atelier en mai.
***5156** Meules dans le brouillard.
***5157** Le moulin fantôme.

WEISMANN (Jacques), né à Paris. — **22, rue** Saint-Ferdinand.

> **5158** Portrait de bébé (appartient à Mme Schwoob).
>
> **5159** Portrait de bébé (appartient à Mme Schwoob).
>
> ***5160** Le vieux philosophe.
>
> **5161** Portrait de Mlle X... (appartient à Mme Schwoob).
>
> ***5162** Étude.
>
> ***5163** Le bouquet de violettes.
>
> ***5164** Devant le piano.
>
> ***5165** La femme à la cigarette.

WELTER-BASTIEN, né à Thionville (Lorraine). — 47, rue Monge, Paris.

> ***5166** Paysage (Luxembourg).
>
> ***5167** Paysage (Luxembourg).
>
> ***5170** La Seine à Paris.
>
> ***5171** Paysage.

WILDER (André), né à Paris. — 4, rue Aumont-Thiéville, Paris.

> ***5172** Montigny (effet de neige).
>
> ***5173** Canal du Loing (l'été).
>
> ***5174** Montigny (dégel).
>
> ***5175** Leuveuhaveu Rotterdam.

***5176** Nature morte.
***5177** Canal du Loing (l'hiver).
***5178** Moulin sur la Schie.
***5179** Le pont à Grèz.

WILLAUME (Georges), né à Paris. — Daigny-par-Ba-zeilles (Ardennes).

***5180** Soir de fête à Daigny (esquisse).
***5181** Coquelicots.
***5182** Rue de village.
***5183** Le clocher de Daigny.
***5184** Le ruisseau.
***5184** *bis* La Givonne à Daigny.

WISTINGHOUX (Alex), né à Reval (Russie). — 12 bis, rue Vineuse, Paris.

***5185** Bords de la Marne.
***5186** Environs de Menton.
***5187** Environs de Bordighera.
***5188** Rue à Chioggia, près de Venise.
***5189** Etude de Bretagne (marine).
***5190** Etude de Bretagne (marine).
***5191** Etude de Bretagne (pluie).

WITTMANN (Charles), né à Remiremont (Vosges). — 11, rue Boissonade, Paris.

***5192** Bal (14 juillet).
***5193** Rue Mouffetard.
***5194** Vieux chevaux (pastel).

5195 Champs-Elysées.
***5196** Fête.
***5197** Rue Mouffetard.

WOLFF (Mme Sophie), née à Berlin. — 8 *bis*, rue Campagne-Première, Paris.

***5198** Les crinolines.
***5199** Café espagnol (nuit).
***5200** Café espagnol (jour).
***5201** Enfants sous un arbre.
***5202** Nature morte.
***5203** Nature morte.
***5204** Fillette (étude).
***5205** Vitrine à figurines (type de Paris, trois danseuses espagnoles).

YERME (Emile), né à Mulhouse (Alsace). — 26 *bis*, rue Nansouty, Paris.

***5206** Un matin de neige (vue de mon atelier).
***5207** Neiges au soleil (aux Avants-sur-Montreux).
***5208** Le chemin du Jaman (aux Avants-sur-Montreux).
***5209** Un panneau (pochades).
***5210** Un coin de forêt dans les Vosges.
***5211** Anse perdue (Finistère).
***5212** Le pont du chemin de fer de Sceaux, au parc Montsouris.
***5213** Un soir d'été au parc Montsouris.

YSERN Y ALIÉ (Pedro), né à Barcelone (Espagne). —
3, boulevard du Palais, Paris.

    *5214   L'apôtre.
    *5215   L'arrivée au matin.
    *5216   Soir.
    *5217   Voiles latines.
    *5218   Pêcheur catalan.
    *5219   Les bains, à Barcelone.
    *5220   Le port des pêcheurs, à Barcelone.
    *5221   Ramassant le filet.

ZAK (Eugène), né à Varsovie (Pologne). — 9, impasse
du Maine, Paris.

    *5222   Des fleurs.
    *5223   Des fleurs.
    *5224   Portrait.
    *5225   Dessins.
    *5226   Étude.
    *5227   Étude.
    *5228   Étude.
    *5229   Étude.

SUPPLÉMENT

———

KLAUSNER (Judith), née à Berlin. — 2o3, boulevard
Raspail, Paris.

    *5409   Etude de blonde.
    *5410   Tête d'étude.
    5411   Luxembourg.
    5412   Portrait.
    *5413   Jour de fête.
    *5414   Boutons de roses.
    *5415   Esquisse de cirque.
    5416   Coin d'atelier.

KLEINMANN (Mlle Alice-Adèle), née à Paris. —
  130 bis, boulevard de Clichy, Paris.

    *5417   Dans la glace (étude).
    *5418   La Frette (bords de la Seine).
    *5419   Dans la vérandah.
    *5420   A l'atelier.
    *5421   La rue du Mesnil (Maisons-Laffitte).
    *5422   Le clocher de Sartrouville.
    *5423   Etude (matin).

KOROCHANSKY (Michel), né à Odessa (Russie). — Montigny-sur-Loing (Seine-et-Marne).

*5127 Le vieux moulin.
*5128 Coucher de soleil sur les bruyères.
*5129 Crépuscule.
*5130 Avant l'orage.
*5131 Retour du pâturage.
*5132 La chevrière.
*5133 Bruyères, le soir.
*5134 Coin de village.

LEJEUNE (Edouard), né à Caen (Calvados). — Gare de la Plaine-Saint-Denis (Seine).

5135 Le Cher à Bléré (Indre-et-Loire).
5136 L'étang de la Neu-Forge (Anor, Aisne).
5137 La queue de l'étang de Milourd (Aisne).
5138 La chaussée de l'étang et l'usine (Milourd, Aisne).
5139 Un peu de neige au coin des choux (étude).
5140 Sale temps (étude).
5141 Coin de pelouse à Fontenetain (Eure), étude.
5142 Entrée de l'étang de la Neu-Forge (Anor, Aisne).

LENOIR (Suzanne), née à Paris. — 19, rue Médicis.

5143 Portrait de Mme L.
5144 Portrait de Mme M. (appartient à M. M.).

LIZARS (Charles), né à Courbevoie. — 24, rue Arc-de-Triomphe, Paris (chez M. Foinet fils, 21, rue Bréa).

    ***5445**   Vieux Pornichet.
    ***5446**   Prieux (Bretagne).
    ***5447**   Ferme de l'Aïeul (Bretagne).
    ***5448**   Cour de ferme (Bretagne).
    ***5449**   Rade de Toulon.

MARZOUHI DE BELLUCCI (Numa), né à Paris. — 21, rue Caulaincourt.

    ***5450**   Femmes Kabyles (peinture à fresque).
    ***5151**   Etude de nu (peinture à fresque).
    ***5452**   Etude (peinture à fresque).
    ***5453**   Plougastel (peinture à l'huile).
    ***5454**   Femme et centaure (peinture à fresque).

MILDE (Gertrud), née à Königsberg. — 81, rue du Faubourg-Saint-Jacques, Paris.

    5455   Etude de nu.
    ***5456**   Mon vis à vis.
    ***5457**   Printemps.
    ***5458**   Arbre de noël.
    ***5459**   Tête blonde.
    5460   Esquisse du cirque.
    5461   Tête noire.
    5462   Luxembourg.

MORARD (Henri), né à Clermont (Oise). — 4, rue du Lunain, Paris.

*5463   Coucher de soleil en février.
*5464   Etudes :
        Village de Saclay (Seine-et-Oise).
        Les avoines.
        Les peupliers.
        Pommiers en fleurs.

MUNCH (Edvard), né en Norvège. — Weimar (Russischer Ho), Allemagne.

*5465   Les buveurs (peinture à l'huile).
*5466   Paysage du Thuringerwald (peinture à l'huile).
*5467   Paysage du Thuringerwald (peinture à l'huile).
*5468   Monsieur K... (lithographie).
*5469   M. Henry van de Velde (lithographie).
*5470   Nietzsche.

PIVAND (Henri), né à Paris. — 9, rue de la Fontaine-au-Roi, Paris.

*5471   Nature morte.
*5472   Jouy-la-Fontaine.
*5473   Coin de parc.

PRUNIER (Gaston), né au Havre. — 24, rue Dombasle, Paris (15').

*5474   Profil de demoiselle.
*5475   Mas provençal.
*5476   Aux Tuileries.
*5477   Coucher de soleil (Bretagne).
*5478   Tête de charbonnier.
*5479   Usine au Havre.
*5480   Tête de charbonnier.
*5481   La Seine à Auteuil.

RIGAL, né à Paris. — 4, rue Ernest-Renan, Colombes (Seine).

*5482   Effet de neige, pont de Chatou.
*5483   Effet de nuit s. et meuble à Namur.
*5484   Bouquet de fleurs dans un jardin.
*5485   Un bohémien.
*5486   Fleurs dans un jardin.
*5487   Fleurs et paysage.
*5488   Pont de Bezons.
*5489   Fleurs dans l'atelier.

RUIZ (Mme Lola de), née à La Havane. — 28, rue Godot-de-Mauroi, Paris.

5490   Portrait de Mme H. C...
5491   Portrait de M. P. de N...
5492   Jardin (hôtel Muller-Gersau).
5493   Coin de jardin.
5494   Lac des Quatre-Cantons.
5495   Étude.

SCHOETTEL (André), né à Strasbourg. — 22, rue Saint-Ferdinand, Paris.

*5496   Diablotins et femmes.
*5497   Femme à la toilette.
*5498   Le bon morceau.
*5499   Intérieur.
*5500   Dans le parc.

SCHUFFENECKER (Emile), né à Fresnes-Saint-Mamès. — 4, rue Paturle, Paris.

*5501   Près des grands arbres.
*5502   Celle qui a cueilli la petite fleur bleue.
*5503   Automne.
*5504   Neige.
*5505   La sablière.
*5506   Arbres (pastel).
*5507   Étude pour un portrait.
*5508   Portrait du jeune Paul D...

SLADE (Conrad), né à Boston (Etats-Unis). — 6 bis, villa Brune, Paris.

*5509   Nature morte (chaudron).
*5510   Nature morte (théière).
*5511   Rivière en automne.
*5512   Marine.
*5513   Chemin ensoleillé.
*5514   Chemin au bord d'un pré.
*5515   Tête de fillette.
*5516   La Guerrerito.

THOMAS (Pierre-Paul), né à Limoges. — 40, rue du Four, Paris.

*5517 Cour de moulin (été).
*5518 Effet du soir.
*5519 Effet de neige.
*5520 Bout de moulin (printemps).
*5521 Bord de rivière.
5522 Portrait.
*5523 Croquis de café-concert (dessin).
*5524 Types de café-concert (dessin).

VERDILHAN (André), né à Marseille. — 34, rue Monsieur-le-Prince, Paris (6e).

5525 L'aveugle.
5526 Paul Verlaine (buste).
5527 La morte (masque).
5528 La vieille gardeuse de chèvres (buste).
5529 Le petit gosse (buste).
5530 Mélancolie (masque).

VILLÉON (Emmanuel de la), né à Fougères (Ille-et-Vilaine), 94, rue du Bac, Paris.

Campagnes de la Nièvre :
*5531 Les moissons.
*5532 Le vieux chemin.
*5533 Les moissons.
*5534 Chemin de Bitry.
*5535 Ajoncs en fleurs.
*5536 Le vieux noyer.
*5537 La gerbe.

WISLIN (Charles), né à Gray (Haute-Saône). — 28, rue
Ballu, Paris.

*5538   La Vienne à l'Ile-Bouchard.
*5539   La Retenue au Tréport.
*5540   Blés à Moussy.
*5541   Un coup de mistral.
*5542   Saint-Gilles à l'Ile-Bouchard.
*5543   Roches à Trestraou (Côtes-du-Nord).
*5544   Le château à Trestignel (Côtes-du-Nord).

ZABOKLICKI (Wacdaw), né en Pologne. — Chez Paul
Foinet fils, 21, rue Bréa.

*5545   La rivière.
*5546   Le bateau.
*5547   Le soir.
*5548   Une fête.
*5549   La marine.
*5550   La marine.
*5551   Paysage.
*5552   Le pommier.

Le Garde-Meuble Public

AGRÉÉ PAR LE TRIBUNAL

BEDEL & Cie

BUREAUX : 18, Rue Saint-Augustin, 18

MAGASINS :
- Avenue Victor-Hugo, 67 (Passy)
- Rue Championnet, 194 (Av. de Saint-Ouen
- Rue Lecourbe, 308 (Vaugirard)
- Rue de la Voûte, 14 (Reuilly)
- Rue Véronèse (Gobelins)

PARIS

Transports de Tableaux aux Expositions

La Maison **BEDEL & Cie** (18, rue St-Augustin) se charge, aux conditions suivantes, du transport dans Paris des œuvres d'art destinées aux Expositions :

Tableaux ne dépassant pas 1 mètre de côté : **1** *fr.* **50**

— — 1 m. 50	—	**2** *fr.* »
— — 2 mètres	—	**3** *fr.* »

Pour les tableaux de plus de 2 mètres, envoyer les dimensions pour avoir les prix.

MAGASINAGE DE TABLEAUX

Pour conserver dans nos Magasins les Tableaux que les Artistes ne peuvent reprendre immédiatement chez eux :

Prix par mois :

Tableaux ne dépassant pas 1 mètre de côté : **1** *fr.* »

— — 1 m. 50	—	**1** *fr.* **50**
— — 2 mètres	—	**2** *fr.* **50**

Plus **0** *fr.* **30** *par mille francs et par mois pour l'assurance contre l'incendie.*

L'*Emancipatrice*, 3, rue de Pondichéry, Paris. — 11483-3-06.